How to Apply Materials of Art Therapy

미술치료의 매체활용법

박현주 · 서명옥 공저

학지사

머리말

누구나 살아오면서 미술 표현을 통해 자신의 무한한 창조성과 예술적 감각이 표출되는 경험을 한번쯤은 해본 적이 있을 것이다. 그러나 우리는 미술작품 창조가 너무나 거창하고 어려운 일이라서 미술 전공자가 아니면 엄두도 내지 못할 일이라고 여기고 있는 것도 사실이다. 하지만 주변을 유심히 살펴보면, 우리는 이미 생활 속에서 창조가로서의 역할을 하고 있음을 알 수 있다. 집을 아름답게 장식하거나 탁자 위에 예쁜 꽃을 놓아두는 것, 또는 멋진 액자를 벽에 걸어두거나 정원을 아름답게 가꾸는 일들이 좋은 예다. 이는 지극히 일상적이고 사소해서 아무것도 아니라고 지나쳐 버릴 수도 있지만, 중요한 것은 얼마나 아름답게 잘 꾸며졌는가가 아니라, 그것이 우리 삶에 활력과 생기를 불어넣어 주고 기쁨을 느끼게 해준다는 사실이다. 취미로 그림을 그린다거나 사진을 찍는 것, 그림일기를 쓰거나 꿈을 기록하고 그려보는 등, 이처럼 어떤 형태로든 무의식적 상징들을 기록하는 행위는 그것을 창조해 나가는 과정 자체가 의미 있고 즐거운 일이다. 이런 활동들은 우리의 마음을 진정시키고, 두려움과 긴장을 완화시켜 주며 걱정, 근심을 초월하게 해주는 좋은 방법들이다. 또한 이런 활동은 '나' 라는 존재를 나타내는 자기표현의 수단이면서, 우리의 직관적이고 창조적인 힘을 고무시켜 주는 촉진자이기도 하다. 그러나 이와 같은 미술표현이 치료적인 힘을 갖고 있다는 것을 미약하게나마 경험해보았음에도 우리는 여전히 미술활동과 심리치료를 연관 지어 생각하는 것을 어려워한다.

미술치료의 모든 부분이 그렇지만, 특히 다양한 미술매체를 접하고 나면 그러한 경험이 우리의 이성과 감성, 의식과 무의식을 한꺼번에 일으키고, 세상과 소통하는 방법이 여러 가지라는 것을 알 수 있게 해준다. 미술치료에 있어 미술매체는 자기표현을 위해 없어서는 안 될 중요한 역할을 한다. 사실 경험해보지도 못한 미술매체를 이해한다는 것이 쉬운 일은 아니다. 그러므로 미술치료를 통한 치유적인 효과를 최대한 경험하기 위해서는 다양한 매체들에 익숙해져야 한다. 매체를 안다는 것은 각각의 재료가 형태나 재질, 사용법에 있어서 어떤 특징이 있으며 자기 내면의 탐색을 어떻게 돕는지에 대한 이해를 높인다는 말이다. 그런 점에서 이 책에서 제시하고 있는 실습들을 시작하기에 앞서 다양한 매체들을 가능한 한 많이 모아 보는 것이 도움이 될 것이다. 즉, 화방이나 문구점에서 구입할 수 있는 기본 미술매체들 외에 쇼핑백이나 껌종이, 호일, 포장지, 티백 봉투 등을 재활용해서 사용하면 미술 작업에 유용한 매체가 될 수 있다.

이 책은 총 4장으로 구성되어 있다. 저자들은 모든 장을 구분 없이 함께 집필참여하였다. 제1장에서는 미술치료의 매체에 대한 전반적인 내용을 소개하였다. 즉, 매체의 의의와 유의점 및 활용, 그리고 치료자의 자세와 치료실 환경에 대해서 살펴보았다. 제2장에서는 미술매체의 종류 및 특성을 다루었다. 여기에서는 종이류, 회화매체, 조소매체, 공예매체, 비정형매체, 도구들에 대해서 살펴보았다. 특히 이 장에서는 미술치료에서 활용 가능한 매체들에는 어떤 것이 있는지 사진을 통해 상세히 제시하고 있으므로 독자들이 이해하는 데 많은 도움이 될 것이다. 제3장은 매체를 활용한 미술치료 실습에 대해 소개하였다. 여기에서는 매체별 미술치료, 도입과 종결 활용 미술치료에 대해서 살펴보았는데, 각 메체들이 가지는 특징을 이해하고, 매체를 활용해서 미술치료를 실습할 수 있도록 자세히 안내되어 있어 직접 작업을 해보는 데 큰 도움이 될 것이다. 제4장에서는 개인미술치료 및 집단미술치료의 각 회기에서 매체를 어떻게 활용하고 있는지를 사례를 통해 제시하였다.

이 책은 주로 미술매체의 특성과 매체를 통한 실습 및 사례들을 위주로 저술하였으며, 특히 미술치료에서 매체의 효과적인 활용에 대한 이해를 높이기 위해 이론적인 접근에서 탈피하여 그림과 사진, 사례들을 함께 제시함으로써 생생한 접근이 가능하도록 구성하였다. 그런 점에서 미술치료의 실제 적용에도 매우 유용하리라 본다. 더불어, 미술활동과 실습에 관한 것 외에도 필요한 매체들에 대한 소개와 다양한 활용방법에 대한 유익한 정보를 제공하고 있어서, 이제 막 미술치료를 시작하려는 치료자들뿐 아니라 숙련된 치료자들에게도 도움이 될 것이다.

저자들은 미술치료를 공부하는 분들에게 도움을 주고자 이 책의 집필을 시작하였지만, 막상 책이 완성되어 출간하려고 하니 아쉬운 마음이 든다. 이 책이 더욱 좋은 책으로 거듭날 수 있도록 독자 여러분의 끊임없는 관심과 조언을 기대한다. 미술은 우리의 영혼과 마음을 어루만져 주는 위대한 동반자임에 틀림없다. 많은 사람들이 그들의 삶 속에서 미술을 치료 원리로 사용하여 정신적 충격이나 상처를 극복하고, 실패에 당당히 맞서고 병을 회복할 수 있으면 좋겠다는 바람을 가져본다.

이 책의 출간에 도움을 주신 분들이 많다. 제대로 챙겨주지 못함에도 항상 이해해 주고 격려를 아끼지 않았던 가족들에게 가장 큰 감사를 드린다. 그리고 어려운 작업도 마다하지 않고 원서 자료들을 세심히 번역해 주신 장은영 선생님, 원고 교정을 꼼꼼하게 검토해 주신 김정화 선생님께 이 자리를 빌려 깊은 고마움을 전하고 싶다. 무엇보다 기꺼이 출판을 승낙해 주신 학지사 김진환 사장님과 편집을 위해 수고해 주신 백소현 선생님 외 편집부 여러분께 진심으로 감사드린다. 마지막으로 그동안 책의 출간을 기다리며 격려해 주셨던 많은 분들께 깊은 감사를 드린다.

2009년

저자 일동

차 례

Chapter 2 미술매체의 종류 및 특성

Chapter 3 매체를 활용한 미술치료 실습

Life
is

Chapter 4 매체를 활용한 미술치료 사례

부록

Chapter 1

미술치료의 매체

1. 매체의 개념

1) 매체의 의의

미술치료란 미술매체, 이미지, 창조적 작업과정, 미술작품에 대한 내담자의 반응을 통해 치유와 성숙을 이루어가는 과정이다. 미술활동은 자아존중감을 향상시키고, 위기 대처능력과 적응력을 키워주며, 새로운 삶의 방향을 제시해 줌으로써 삶의 질을 보다 더 풍부하게 해주는 활동이다. 우리는 적어도 한 번 이상은 미술활동을 통해 스스로의 창조성과 무한한 잠재력을 경험해 왔다. 우리가 아이였을 때, 크레파스나 색연필로 그림을 그리면서, 종이로 찢기나 콜라주를 하면서, 혹은 모래성을 쌓거나, 점토를 손바닥에 찍고 놀면서 이러한 기쁨들을 발견했을 것이다. 어른이 되어서도 자신이 창조적이거나 미술에 재능이 있다는 생각을 굳이 하지 않더라도, 일상생활 속에서 미술활동이 주는 즐거움을 경험했을 것이다.

미술은 지난 수세기 동안 자기표현의 수단으로 사용되어 왔으며, 오늘날에도 시(詩)나 동굴벽화, 상형문자, 탈, 기타 다른 것에서도 그 증거를 찾아

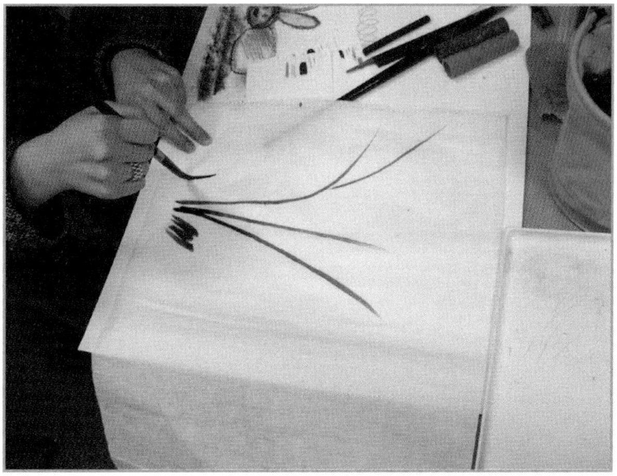

볼 수 있다(Keyes, 1983). 고대 이래로 미술은 치료의 역할을 하였고, 상징적 표현은 치유를 위한 종교의식의 중요한 부분이 되어 왔다. 인간이 문자를 사용하기 이전의 사회뿐만 아니라 동시대의 문화에서도, 미술은 병을 치유하고 신체적 · 정신적 안정을 가져오는 데 활용되고 있다. 미술이 주술 또는 사람과 환경을 의미있게 변화시킬 수 있다는 믿음이 미술을 치료로 보는 이유다. 이처럼 미술치료는 오랜 역사에 뿌리를 두고 있으며 치유적 요소를 포함하고 있음을 알 수 있다.

미술치료에 있어서 매체의 역할은 매우 크다고 볼 수 있다. 사람들은 이미지를 만들고, 모호하게 지각되어 온 이미지에 대한 느낌을 표현하기 위해 미술매체를 사용해 왔다. 미술매체는 감성과 의식을 한꺼번에 일으키기도 하며 내담자가 그 매체들을 사용할 때 세상과 소통하는 역할을 하게 되므로 매체와 내담자 사이에는 끊임없는 역동이 일어난다. 내담자 개개인의 특성에 따라 어떤 매체를 사용할 때 표현을 더 풍부하게 하는지를 탐색하는 것이 필요하며 이는 내담자의 성격 특성과 병리와의 관계를 보여주는 계기가 된다. 미술매체는 치료의 도입에서부터 종결에 이르기까지 수많은 단계에서 내담자가 겪는 치료과정의 고통을 최소화할 수 있으며 내담자의 창조성과 신체

에너지를 유발시키고, 자기 신뢰감과 자아존중감을 강화시켜 주는 역할을 한다. 그러므로 미술치료는 매체가 가지고 있는 이러한 특성으로 인해 내담자의 심리적인 문제를 해결하는 데 유용한 심리치료로서 활용이 가능하다.

매체와 재료는 구분이 어려워서 혼용되는 경우가 있다. 로웬펠드(Lowenfeld, 1957)에 의하면 재료는 표현에 직접 쓰이는 것이고, 매체는 표현에 매개가 되는 것이라고 했다. 특히 매체라는 용어는 미술에서의 회화, 조각 등 예술 표현의 수단 혹은 수단에 쓰이는 재료를 통틀어 일컫는 것이다. 미술치료에 있어 매체는 내담자가 불필요한 시행착오와 좌절감을 거치지 않고서도 적절한 선택을 할 수 있도록 도울 수 있어야 한다(Rubin, 2003). 일반적으로 미술매체는 회화매체(연필, 펜, 크레파스, 목탄, 수채물감, 유화물감, 템페라물감, 포스터 컬러물감 등)와 조소매체(찰흙, 지점토, 컬러점토, 석고가루 등), 그리고 공예매체(수수깡, 색 철사, 각종 끈, 스티로폼 등)로 나눌 수 있으며, 각 매체가 가지는 특성과 활용방법 또한 다양하다.

따라서 미술치료에서는 미술매체와 도구가 없다면 심상에 대한 내면의

이미지를 구체화시켜 표현할 수가 없다. 미술치료에서 치료자는 내담자의 창조적 에너지를 창의적으로 실현할 수 있도록 도와주고, 그들의 적응 문제 해결을 위해 각각의 고유한 미술매체들의 특성과 본질적인 면을 이해해야 한다.

2) 매체의 유의점

미술매체는 치료시간과 공간, 내담자의 성향 등에 따라 융통성 있게 선택해야 한다. 내담자가 작품이 완성되지 않았을 때 느껴지는 미해결된 느낌이 없도록 가급적 주어진 시간에 완성할 수 있는 매체를 선별해서 제공하는 것이 중요하다. 그러므로 내담자의 발달 수준, 협응 수준, 이전의 경험, 특별한 욕구와 흥미에 알맞은 것이어야 한다. 매체가 다양할수록 내담자들은 자신만의 독특한 취미와 선호, 자신이 좋아하는 표현의 형태를 찾아내고 발견할 수 있을 것이다. 이와 같이 매체는 치료의 대상이나 치료시간의 구성 내지는 다른 요소들에 따라 목적에 맞게 선택하는 것이 무엇보다 중요하다. 특히 치료자는 내담자의 심리와 발달 상태에 알맞은 매체의 유형을 빨리 파악해야 하며, 매체에 대한 지식과 효과적인 사용방법을 내담자에게도 설명해 줄 수 있어야 한다.

일반적으로 치료자는 구조화된 매체보다는 덜 구조화된 매체를, 복잡한 매체보다는 단순한 매체를 선호하는 경향이 있다. 단순하고 덜 구조화된 매

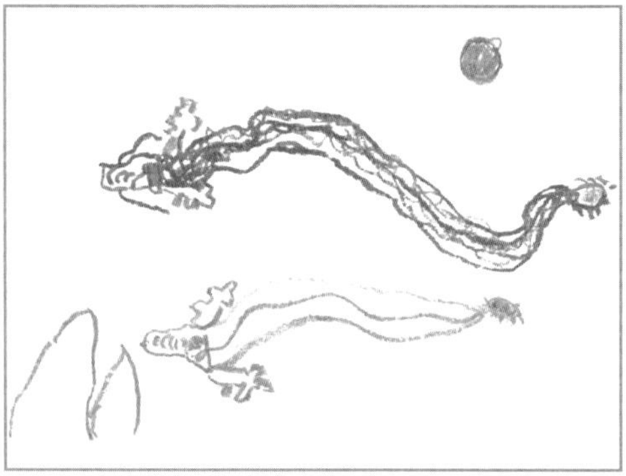

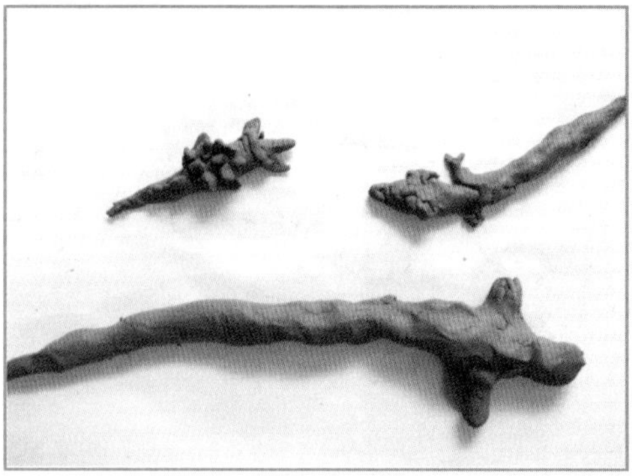

체일수록 내담자의 심리적 투사가 용이하며 내담자의 감각을 자극하게 된다. 이는 스스로 작품을 완성할 수 있는 가능성을 높여주고 미술활동 과정에서 자신감과 성취감을 느낄 수 있게 해준다. 그러므로 치료자는 매체의 특성과 내담자의 유형에 따라 어떤 효과를 낼 수 있는지를 고려하여 선택해야 한다. 또한 친밀감을 형성하고 흥미를 부여할 수 있는 매체, 욕구 표출에 용이한 매체, 정서적 안정을 주는 매체, 자발성을 향상시키는 매체는 무엇인지를 끊임없이 연구하고 경험해 보아야 한다.

미술매체는 다양한 범위의 종류와 가격대를 가지고 있으므로, 치료자는 화방에 가서 매체를 직접 만져보고 느껴볼 수 있는 탐색시간이 필요하며, 매체가 혼동된다면 미술전문가에게 자문을 구하도록 한다. 만약 화방에 가는 것이 부담스럽다면 비교적 쉽게 사용 가능하고, 덜 비싼 대체품을 활용하는 방법도 있다. 대부분의 할인점에는 저렴한 스케치북, 회화매체와 공예매체를 갖춘 작은 미술품 코너가 있다. 사무용품 도매점 또한 비싸지 않은 가격으로 매체들을 판매한다. 요즘은 많은 인터넷 쇼핑몰에서도 필요한 매체들의 구입이 가능하다. 평소에 매체들을 수집해 두었다가 이용할 수도 있다. 컬러풀한 잡지나 카탈로그, 카드, 종이들을 모아놓거나 재미난 쇼핑 가방, 플라스틱 용기, 병뚜껑, 상자들을 모아두면 유용하게 쓰인다. 이러한 물건들은 영감의 원천이 되는 유용한 미술매체들이다.

가장 기본적으로 사용하는 매체에는 크레파스, 마커, 사인펜, 색연필, 물감, 점토, 여러 종류의 종이, 콜라주 재료, 헝겊, 자연물 등이 있다. 랜드가튼(Landgarte, 1987)은 이러한 매체들을 통제하기 쉬운 것에서부터 가장 어려운

표 1-1 | 미술매체의 특성(Landgarten, 1987)

젖은 점토	그림 물감	부드러운 점토	오일 파스텔	두꺼운 펠트지	콜라주	단단한 점토	얇은 펠트지	색연필	연필
1	2	3	4	5	6	7	8	9	10

가장 낮게 통제 ← → 가장 높게 통제

것까지 분류하는 방법을 발전시켰다. 미술매체의 특성을 나타내고 있는 〈표 1-1〉을 보면 왼쪽 1번으로 갈수록 심리적인 통제가 낮은 매체이며, 오른쪽 10번으로 갈수록 의식적인 통제가 강화되는 매체다. 예를 들면, 연필과 색연필은 통제가 가장 잘되는 매체라는 것을 알 수 있다. 이 매체들은 다른 매체들보다 더 딱딱하고, 세밀한 표현이 가능하므로 내담자를 더 잘 통제할 수 있기 때문이다. 젖은 점토와 그림물감 같은 젖은 매체들은 통제하기 어려운 매체들이라는 것을 알 수 있다.

미술매체는 내담자의 심리를 촉진하거나 통제하는 데 중요한 역할을 한다. 치료자는 내담자의 특성에 맞게 적절한 매체를 제시해야 한다. 일반적으로 물기가 있는 습식매체는 심리를 촉진시켜 주는 경향이 있으며, 건조매체는 심리를 통제하는 경향이 있다. 그러므로 내담자의 특성에 따라 매체가 가지는 촉진과 통제에 대한 부분을 잘 활용하는 것이 좋다. 특히 정신적 문제나 상처받은 경험이 있는 내담자와의 작업에서도 어떤 매체가 효과적인지를 잘 고려해야 한다. 예를 들면, 위축되고 불안한 내담자에게는 자발성을 촉진할 수 있는 젖은 점토나 물감 등이 유용하게 쓰인다. 반대로 산만하고 충동적인 내담자에게는 연필이나 색연필 등과 같이 덜 유동적이거나, 통제하기 쉬운 매체가 도움이 된다.

때로는 너무 많은 양의 매체나 도구는 내담자를 질리게 할 수 있다. 이 점에서는 내담자에 따라 서로 차이가 있으므로, 치료자는 내담자의 요구에 민

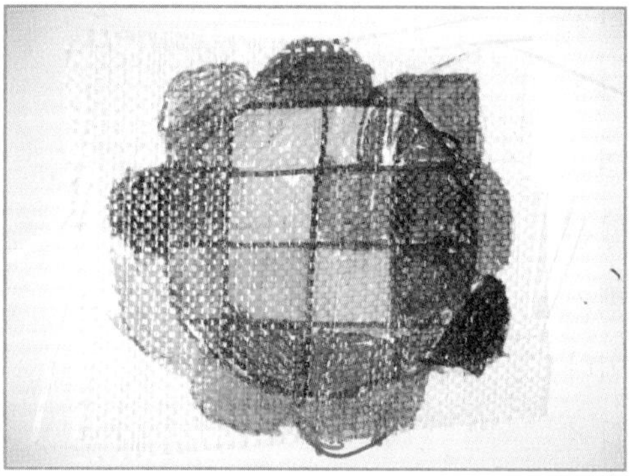

감하게 반응할 줄 알아야 한다. 특히 쉽게 찢어지는 종이나 잘 부서지는 분필처럼 심리적 좌절을 유발시키는 매체들은 사용을 자제하는 것이 좋다. 일반적으로 내담자들은 또 다른 도구가 필요하거나 사용하기 복잡한 매체보다는 간편하게 사용할 수 있는 소묘매체를 더 선호하는 경향이 있다. 즉, 연필은 쉽게 조작이 가능하지만, 물감 등의 채색재료는 기법적인 어려움을 겪는다. 물감을 마구 칠하는 것과 같은 행동은 심하게 억압되어 있는 내담자에게 활기를 불어넣을 수도 있으나, 반면에 물감의 번짐이나 흐름 때문에 겁에 질리게 할 수도 있다. 때때로 매체를 바꿔주는 것은 환기성을 주어 타성에 빠져 있는 내담자를 촉진시킬 수 있다(최외선, 이근매, 김갑숙, 최선남, 이미옥, 2006).

매체경험을 하다보면 다른 것보다 특히 더 선호하는 매체가 있다는 것을 발견할 수 있다. 색연필의 질감보다 물감의 유동성을 좋아할 수도 있고, 콜라주나 점토의 실체적인 질감을 더 선호할 수도 있다. 매체의 크기 또한 하나의 요인이 된다. 어떤 날은 큰 종이에 작업하는 것을 좋아할 수도 있고, 어떤 날은 작은 종이가 더 좋아 보일 수도 있다. 또한 매체에 대한 기호가 바뀌는 계기가 있을 수도 있으며, 새로운 매체가 다른 것보다 더욱 만족스러울 수도 있다. 그래서 어떤 매체가 가장 좋으냐는 것에 대한 옳고 그른 답은 없다고 할 수 있다.

치료자가 매체를 소중히 다룬다는 것은 좋은 질의 매체, 잘 사용될 것으로 예상되는 매체를 선택하는 과정에서 나타날 뿐만 아니라 모든 매체와 도구를 정성스럽게 다루는 데에서도 나타난다. 붓은 사용한 후에 바로 씻어 놓아야 하고, 종이는 깔끔하게 보관해야 하며, 점토와 물감은 사용할 수 있는 상태로 보관해야 한다. 매체를 잘 보관하는 것은 제한된 매체를 유용하게 사용하게 할 뿐 아니라 내담자에게 매체에 대한 가치를 전달해 준다는 점에서 중요한 부분이다. 이것은 치료자가 내담자의 작품을 다루고 보관하는 모습이 내담자에게 더 중요한 메시지를 전달할 수 있는 것과 같다.

✱ 미술매체를 사용할 때 기본적으로 알아야 할 사항

첫째, 구입할 수 있는 가장 좋은 매체를 사용해야 한다. 그렇다고 너무 비싼 매체들만 구비할 필요는 없지만 내담자에게 오래되고 부러진 크레파스나 질이 나쁜 종이는 주지 않아야 한다. 내면이 약하고 상처받은 내담자들은 그들의 욕구가 좌절되어 있기 때문에 훨씬 더 그럴듯한 매체, 새롭고 흥미로운 매체를 사용할 수 있도록 해야 한다.

둘째, 매체들이 안전하고 깨끗한지 확인해야 한다. 정신적인 문제가 있거나 발달장애가 있는 어린 아동에게 매체를 사용하게 할 때는 특히 조심해야 한다. 왜냐하면 그들은 날카로운 가위를 사용하다가 다칠 수 있으며, 구슬이나 풀, 점토 같은 매체들을 입 속에 넣을 수도 있기 때문이다.

셋째, 독소가 없는 것을 사용해야 한다. 이를 위해서는 매체의 안전도를 반드시 평가할 필요가 있다.

넷째, 매체를 보관할 안전한 장소가 있어야 한다. 매체가 훼손되거나 파손되는 것을 방지하기 위해 문이 있는 서랍장 등에 보관하는 것이 좋다.

2. 치료자의 역할

1) 매체의 활용

미술의 매체나 도구는 작업과정의 필수 요소이기 때문에 미술치료에서 매체가 차지하는 비중이 가볍지 않다는 것은 이미 알고 있는 사실이다. 미술매체는 각기 다른 유용성을 가지고 있다. 모든 미술매체는 다루는 데 있어 나름대로의 특성이 있으므로 미술매체를 다루는 법이나 매체로 작품을 만드는 기술, 매체가 가지는 표현의 한계를 알고 있다면 내담자를 더 잘 도울 수 있다. 즉 매체에 대한 일반적인 지식 없이는 내담자의 미술작업 과정을 제대로 도와줄 수 없다. 각 매체가 가지고 있는 특성을 알기 위해서는 다양한 매체들을 충분히 다루어 보는 것이 가장 좋다. 실제로 집에서 연습해 보거나 매체관련 교육을 받아야 한다. 이와 같이 치료자는 매체에 대한 끊임없는 관심과 연구가 필요하다. 만약 치료자가 한 번도 사용한 적이 없는 매체이거나, 그 매체의 장단점만 이론적으로 알고 있다면 실제 치료장면에서 활용할 때 어려움이 있다. 예를 들어 치료자가 물감 사용방법을 모른다면 내담자에게 그것을 잘 활용하도록 도와줄 수는 없을 것이다.

그러나 치료자가 반드시 모든 매체에 대한 전문가가 될 필요는 없다. 각 매체에 대한 기본적인 활용범위나 방법을 잘 파악하고 있다면, 내담자의 표현활동을 촉진시키고 문제해결을 위한 적절한 매체 선택에 도움을 줄 수 있다. 치료자는 모든 매체의 사용법을 알고 있어야 하는 것은 아니지만 주로 활용되는 몇 가지 매체들에 대해서는 익숙해 있어야 한다. 일반적으로 사용되는 종이류도 무게, 질감, 색깔, 크기가 다양하게 있으므로 각 형태의 종이가 가지는 장점과 한계를 잘 파악해야 한다. 연필의 종류에도 부드러운 연필과 단단한 연필, 색이 들어 있는 연필, 목탄연필 등이 있다. 펜에도 수성펜, 유성펜, 마커, 매직 등이 있다. 이처럼 치료자는 사용할 수 있는 다양한 그리기 매체들을 알고 있어야 하며, 어떤 질감의 종이가 그 매체와 가장 적합한지를 파악하고 있어야 한다. 이러한 매체에 대한 지식은 직접적인 경험을 통해서만 가능하며 매체가 가지는 가치가 충분히 발휘될 수 있도록 전문가의 슈퍼비전을 통해 경험을 쌓는 것이 가장 이상적이다.

2) 치료자의 자세

경청하기

성공적인 미술치료 작업이 이루어지기 위한 비결은 치료자가 모든 눈과 귀를 열어 내담자에게 집중하는 것이다. 이는 주의 깊게 경청하는 것이며, 치료자가 마음과 영혼으로 내담자와 100퍼센트 함께 하는 것을 의미한다. 그러므로 치료장면에서 치료자는 가능한 한 내담자와 온전히 함께 할 수 있도록 노력해야 한다. 만약 내담자에게 진정으로 온전하게 집중할 수 있다면 내담자의 변화를 가져다 줄 것이다. 주의를 기울이고 집중한다는 것은 우리가 타인에게 줄 수 있는 가장 좋은 선물이다.

공감하기

내담자들의 공통적인 특징은 내면의 힘이 약하다는 것이다. 내담자들은 그들의 관심을 마음으로 느끼지 못하는 사람에게 매우 민감하다. 만약 치료자가 자신의 성공, 계획, 예술 또는 분석에만 초점을 맞춘다면 내담자는 그것을 느끼게 되고 미술치료를 거부할 것이다. 그러나 치료자가 내담자와 함께하고 따뜻한 공감반응을 보인다면, 비록 치료자가 대단한 미술활동을 하지 않더라도 훌륭한 치료로 이끌 수 있다. 적어도 이런 경우에는 실패할 확률이 낮다. 그만큼 내담자들은 치료자의 반응과 사고, 행동에 민감하다. 특히 미술치료 활동의 초기에는 치료자만 내담자를 탐색하는 것이 아니라 내담자도 치료자를 탐색한다. 그 누구도 아무에게나 자신의 비밀스럽고 고통스러운 이야기를 쉽게 하지는 않는다.

좋은 환경 제공하기

미술치료란 치료자와 내담자가 함께하는 여행과 같은 것이다. 치료자가 너무 앞서가거나 뒤쳐지지 않게 속도를 맞추어가는 여정이다. 즉 숙련된 치료자라면 내담자에게 뭔가를 억지로 강요하거나 지나친 시도는 하지 않는다. 그들을 고치려고 한다거나, 가르치려고도 하지 않는다. 또한 그들의 미

술작품을 분석하려고만 하거나 특별하게 어떤 것을 만들게 하려고도 하지 않는다. 왜냐하면 내담자가 그들의 내면세계를 탐색할 때 편안함과 안정감을 느낄 수 있도록 하는 '좋은 환경을 제공하는 것' 이 더 중요하기 때문이다. 이는 치료자의 따뜻한 인성과 더불어 내담자로 하여금 매체가 가지는 독특한 경험으로 이끌어 줌으로써 가능해진다. 치료자가 친밀감을 최대한 주고받도록 노력하는 것은 내담자에게 더 안정감을 가져다준다.

용기 주기

초기에 내담자는 미술활동에 대한 부담으로 아예 작업을 거부할 수도 있다. 주로 작품에 예술적 가치를 너무 부여하려고 하거나, 완벽하게 작품을 완성하려고 하거나, 너무 오랜만에 미술활동을 하는 경우라면 이를 조심스러워 하는 경우가 종종 있다. 이때에는 내담자에게 전문가처럼 하지 않아도 되며, 예술적으로 평가하는 시간이 아니라고 용기를 주고 매체들을 편안하게 써보도록 권유하는 것이 좋다. 그렇게 하면 한 번도 경험해 보지 못한 훌륭한 매체들에 대해 내담자가 호기심을 가질 수 있다. 때때로 내담자에게 말하는 것, 회상시키는 것, 이야기를 만드는 것 자체가 미술활동일 수도 있다. 내담자와 온전히 함께할 수 있다면 미술활동을 하지 않는다고 해서 미술치료가 실패했다고 볼 수 없다.

비밀 유지하기

내담자를 보호하기 위해 내담자와 작품에 대한 비밀 유지가 되어야 한다. 또한 치료자는 내담자에 대한 기록과 자료들을 안전하게 보관해야 한다. 즉 면접결과, 심리검사, 치료과정의 관찰, 녹화 테이프, 기타 기록 및 작품들을 보관하고 처리하는 데 비밀을 보장해야 한다. 만약 타인에게 공개할 때는 내담자의 직접적인 동의가 있는 경우에만 가능하며, 비밀 보호에 책임을 져야 한다.

소중하게 다루기

내담자의 완성된 작품은 소중하게 다루어야 한다. 이는 치료자뿐만 아니라 내담자에게도 그렇게 인식되어야 하는 부분이다. 내담자의 작품은 다른 사람에 의해 손상되거나 부적절하게 다루어지지 않도록 안전한 장소에 잘 보관되어야 한다. 만약 치료자가 내담자의 작품을 잃어버리거나 함부로 대해서 망가뜨린다면 내담자와의 신뢰관계는 깨질 수 있다. 내담자의 작품을 안전한 장소에 좋은 상태로 보관하도록 하는 것은 내담자가 표현한 이미지와 창조력이 가치롭다는 것과 스스로가 소중한 존재라는 생각을 가지도록 해준다. 작품뿐만 아니라 매체까지도 잘 보관하는 것은 한정된 매체를 유용하게 쓰기 위한 것이며 내담자에게도 매체의 가치를 전달해 준다. 시간을 갖고 내담자의 작품을 보는 것은 미술치료 과정의 한 부분이다. 이것은 내담자가 만든 작품을 가치 있게 여기도록 한다. 치료자는 치료과정 중에 내담자의 작품을 간직하고, 그것을 모아두기 위해서 내담자에게 치료실에 남겨두기를 제안하는 것이 좋다. 이것은 나중에 모든 작품을 한눈에 볼 수 있게 하며, 이미지와 내용을 분석하고, 내담자에게 어떤 변화가 일어났는가를 보기 위한 것이다. 대부분의 치료자는 정기적으로 내담자의 미술작품을 분석하거나, 치료가 종결되었을 때 지난 회기 동안 했던 작품들을 분석하는 회기를 갖는다.

미술치료를 하는 것은 아주 즐거운 일이기도 하고 아주 어려운 일이기도 하다. 치료자는 자신의 내담자에 대해 함께 이야기를 나눌 동료 치료자가 있는 것이 좋으며, 다른 전문가의 슈퍼비전을 통해 자신의 느낌을 나누고 치료에 대한 두려움을 없앨 수 있도록 공유하는 것이 좋다.

3) 창조성

창조성에 대한 생각은 시대를 거치면서 많이 진화해 오고 있다. 20세기 초 프로이트(Freud)는 '창조성은 갈등으로부터 시작되고, 창조과정은 갈등을 풀기 위한 필요의 응답' 이라고 믿었다. 그는 창조적인 일은 내면의 꿈과 좌절, 불만으로 변형된 공상과 환상이 예술, 시, 그리고 음악으로 표현되는 것으로 보았다. 프로이트는 창조성을 갖기 위한 동기를 더 크게 고려했으며 창조과정 자체의 본질에 대해서는 덜 중요하게 여겼던 것으로 보인다.

반면에 융(Jung)은 '창조과정은 심리적인 방식과 관념적인 방식을 일으킨다' 고 믿었다. 창조성의 심리적인 방식은 인간 의식의 부분으로부터 오는 예술, 시(詩)와 음악과 같이 우리가 실제로 주위에서 보는 것들이다. 관념적인 방식은 인간의 타락으로부터 오거나 거주하는 장소에서 온다고 믿었다. 융은 창조성의 관념적인 방식에 대해 더 깊게 탐구했다. 그는 예술, 문학, 음악과 같은 형식을 통한 원형의 부활에 기인하는 창조적인 활동의 위대함을 믿었다. 주목할 만한 창조적인 활동은 삶의 경험을 초월하여 종종 보편적인 의미를 가진다. 프로이트와 융의 시대 이래로 창조성은 모두에게 가능하다고 믿어 왔으며 누구에게나 공유된 재능이라고 여겨져 왔다.

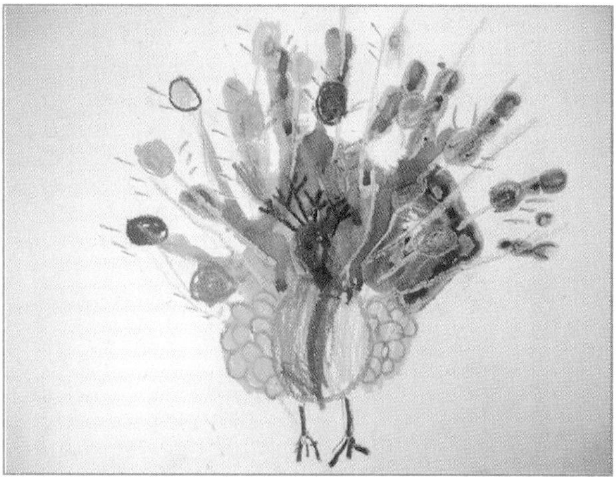

로저스(Rogers)와 같은 인본주의 학자는 창조성, 놀이 그리고 인간 잠재성의 자발적 행위의 중요성을 강조한다. 그는 잠재력을 발휘하기 위한 인간의 능력 중 일부분인 창조과정을 숙고한다. 잠재력 실현은 삶을 더 의미 있게 만들고 인간의 능력을 강하게 하며, 스스로를 알고 자신의 무한한 잠재력에 도달하도록 한다. 로저스는 창조성이 경험에 대한 개방성과 밀접하게 연관되어 있음을 관찰했다. 창조적으로 되기 위해서는, 새로운 정보나 상황을 받아들여야 한다. 즉, 모호한 표현과 모순된 정보를 허용하는 능력은 창조적 과정이 되는 핵심이다.

메이(May)는 그의 저서인 『창작하려는 용기』에서 창작과정은 병을 만들어 내는 것으로서가 아니고 자아실현을 위한 평범한 사람들의 표현으로서 정신건강의 가장 높은 상태를 나타내는 것으로 연구되어야 한다고 했다. 창조성은 몇몇 사람들의 갈등을 해결하고 정신적 고통을 완화시키며, 위기와 심리적 고통을 탐구하는 데 도움을 주었다는 것은 사실이다. 또한 크레이머(Kramer)는 눈에 보이는 상징적인 말하기에서의 단순한 의사소통이 아닌 미술치료 과정의 핵심으로서의 창조성을 강조했다. 즉, 변화, 승화, 통합의 행동이 될 수 있는 내적 경험의 변형을 포함하는 예술적 산물을 창조하는 행동에 관심을 두었다.

여러 학자들의 견해처럼, 창조성은 어떤 새로운 것이나 존재하는 유일한 생각과 개념을 가져오는 능력으로 정의되며, 자발성과 유희성, 상상, 근원, 동기, 자기표현, 창의성, 벗어난 생각과 통찰력을 포함한다. 창조적인 사람은 독립적, 자율적, 자기 충족적, 풍부한 감수성, 온화함, 모험심을 가지고 있는 것이 특징이다. 창조성은 낡은 믿음과 지각을 버려야 하기 때문에 용기가 필요하다. 작품을 만들거나 다른 것을 모방하는 활동에서 새로운 것과 유일한 것을 창조하는 용기는 만족감과 그것에 의미를 부여하고 노력할 가치가 있도록 몰입하게 해준다. 수십 년이 넘도록 창조성은 인류의 가능성과 잠재력으로 정의되어 왔고, 누구라도 그것을 원한다면 스스로 개발할 수 있었다.

이처럼 창조성은 개인적인 성장, 자기이해, 변화와 회복을 의미한다. 치료자의 창조성은 미술치료를 포함하여 다른 어떤 치료에서도 중요한 부분이다. 창의적인 치료자는 내담자의 자기탐색과 자기이해뿐만 아니라 행복을 강화시킬 수 있도록 조력하는 역할을 할 수 있다. 치료자가 치료방법을 연구하는 것도 의미 있는 일이지만, 자신의 창의력을 증진하려는 노력도 필요하다. 넓은 의미로서 창조성은 사회발전, 문명의 발달, 예술적인 걸작의 원인이 된다. 하지만 좁은 의미로서 창조성은 자신의 삶의 질을 높이기 위해 사소한 부분에서부터 시작된다. 예를 들면, 꽃병과 컬러풀한 탁자를 배치하고 정원을 가꾸는 활동을 하면서 매일 자신의 인생을 특별하게 만들 수도 있다. 이는 자신의 주변을 개선하기 위해 창조성을 사용하고 그들 스스로 혹은 타인을 위해 기쁨을 창조하는 데 도움을 준다. 이러한 측면에서 본다면 우리 모두는 창조적일 수 있다.

궁극적으로 미술치료는 탐구와 변화, 이미지의 창조, 상상으로부터의 활동을 포함하는 과정이다. 그리고 불가피하게 창조성은 위험을 감수하고, 틀을 부수고 한계를 밀어내고 새로운 아이디어를 고안해 내는 것을 포함한다. 만약 창조성으로 규칙과 바른 대답을 얻는 데 만족한다면, 이런 경험은 아마도 처음에는 좌절과 모순, 분노를 느끼게 할 것이다. 언제나 이런 것들이 쉬운 경험은 아니지만 미술치료는 추구할 만한 가치가 있는 것이다. 왜냐하면 그것은 개인의 변화, 가치, 성장의 시작일 수 있기 때문이다. 이는 내담자를 치료의 공동목표가 되는 통찰력과 자기인식의 변화로 이끌어 줄 수 있다. 창조성은 판단, 편견, 그리고 선입관이 없는 곳에서 발전한다. 치료자는 자신을 창조적으로 표현하기 위해 기존의 규칙과 가정에서 자유로워야 하고, 새로운 경험을 시도하는 참신한 아이디어를 가져야 한다. 지금까지의 자신의 이미지를 파괴하고, 재정비한 재료로 자신의 고유한 작업 방식을 창조하는 것도 효과적이다. 배워온 규칙이나 다른 사람들이 그리는 방식을 어떻게 모방했든 간에 그것을 따를 필요는 없다. 잘 복사된 공예 프로젝트나 모방하는 그림과 조각은 만족감을 제공할지는 모르지만 진정한 자신만의 형상을 발견하고 개발하는 창조과정으로는 이끌어주지 못한다.

3. 치료실 환경

미술치료를 하려면 미술치료실이 우선 준비되어야 한다. 완벽한 조건을 갖춘 최적의 치료실을 발견하거나 만드는 것은 어렵겠지만, 기본적인 조건들은 갖추어야 한다. 열악한 환경에서도 미술치료를 할 수는 있지만, 물리적이고 심리적인 조건을 갖춘 안정된 환경 조성이 무엇보다 필요하다. 치료자는 편안하게 작업하고, 창조적인 과정에 도움이 되는 미술치료실이 될 수 있도록 구성하는 것이 중요하다. 내담자들은 누구라도 미술치료를 처음 받게 되면 걱정과 불안이 크기 때문에 이들이 안심하고 자유롭게 표현할 수 있도록 최선의 노력을 다해야 한다. 내담자의 창조성을 제한하거나 위축시켜서는 안 되며, 내담자 내부의 심리적 위험은 물론이고 외부적 위험으로부터 언제든지 그들을 보호하는 것이 중요하다. 따라서 치료실 환경은 내담자가 평화로운 상태에서 보호받고, 최대한 편안하게 느낄 수 있는 공간이어야 한다. 가급적 모든 미술표현이 조건 없이 받아들여질 수 있는 분위기를 만들어야 한다.

작업 공간에는 다양한 미술매체를 체계적이며 사용하기 편리하게 구비해 놓아야 한다. 전등은 미술작업에 충분한 빛을 공급할 만큼 배치되어야 한다.

싱크대의 설치는 물과 관련된 작업, 즉 유성 및 수성물감, 점토, 석고 작업을 가능하게 해주며, 물통과 다른 재료들을 다루기에 충분할 정도로 깊고 넓어야 한다. 작업 공간은 개별 작업과 집단 작업이 가능할 정도로 충분히 넓어야 하며 융통성 있게 계획되어야 한다. 방음장치는 소음을 최소화하고, 먼지와 냄새를 제거하기 위한 환기시설도 신경 써야 한다. 미술재료와 작품들을 선반에 보관, 진열하거나 정리장이나 자료 보관함에 비치할 수 있도록 하는 것이 중요하며, 때로는 건조가 필요한 작품을 위해서도 공간과 장비가 필요하다. 매체는 가급적 내담자가 자유롭게 접근할 수 있도록 해야 한다.

젖은 그림이나 미완성의 콜라주 같은 진행 중인 작품은 물론이고, 사용하기 위해 준비한 도구들을 한데 놓아둘 수 있는 장소를 가지는 것이 이상적이다. 매번 작품을 치워버리거나 떼어버리는 대신에 진행 중인 작품을 놓아둘 수 있는 공간을 확보하는 것이 좋다. 또한 도구들을 담아두는 보관 용기도 필요하다. 보드지로 만든 상자나 깡통으로 된 사탕통은 그림도구들을 보관할 수 있고 플라스틱으로 만든 상자는 종이나 스케치북, 그리고 더 큰 것들을 보관하기에 매우 좋다. 이와 같이 기본적인 표현매체와 도구가 일관성 있고 예측할 수 있는 장소에 보관된다면, 내담자들은 그것을 이용하기 위해 헤매지 않아도 된다. 치료실이 잘 정돈되고 조직화되어 있다면 내담자들은 매체를 수월하게 선택할 수 있으므로 치료실의 환경에 신경을 써야 한다.

치료실의 크기도 치료자가 고려해야 할 부분으로, 여러 활동들이 모두 가능한 크기라면 가장 좋다. 만약에 치료실의 크기가 너무 크면 내담자가 위축감을 느낄 수 있고, 불안하고 산만한 내담자라면 안정이 더욱 안 될 수도 있다. 또한 치료실이 너무 작으면 내담자가 답답해 할 수 있으며, 활동에 제약을 받을 수 있다.

> 치료자가 매체경험을 하고자 할 때 자신이 볼 수 있는 장소에 작품을 걸어두는 것이 중요하다. 자신이 표현한 이미지를 보는 것은 치료자 스스로를 동기화하고 새로운 생각과 방향을 모색할 수 있도록 이끌어 준다.

Chapter 2

미술매체의 종류 및 특성

1. 종이류

종이류는 다양한 회화매체를 표현할 수 있는 바탕이 된다. 요즘은 미술활동에 있어서 바탕재료로 종이류 대신 다양한 매체를 사용하고 있으나, 종이류는 그림을 표현하는 데 있어 가장 기본적인 매체로서 종류와 쓰임새에 대해서 숙지하는 것이 도움이 된다.

종이류

신문용지, 켄트지, 와트만지, 아트지, 크라프트지, 마분지, 타공지, 주름지, 트레팔지, 트레싱지, 색습자지, 색종이, 모조지, 유산지, 백판지, 골판지, 셀로판지, 화선지, 장지, 창호지, 색한지 등

종이가 발명되기 전까지는 돌이나 벽, 나무나 나무껍질, 동물의 가죽이나 뼈 등에 그림을 그려 기록으로 남겼다. 종이는 105년에 중국 한나라의 채륜이라는 사람에 의해 발명되었으며, 이는 당시 사용하던 죽간(대나무를 쪼개어 이은 것)이나 비단 두루마리 대신 값싸고 간편한 것을 개발한 것이었다. 이때 발명된 종이는 현재 쓰이는 종이와는 달리 헌 삼베나 모시의 섬유를 원료로 하였으며, 이것을 채후지라 불렀다.

표 2-1 | 종이의 규격

규격	A열 종이판(A size)			규격	B열 종이 및 패널 규격(B size)		
	크기(mm)	통칭	사용 예		크기(mm)	통칭	사용 예
A0	841×1,189	A열 본판 전지		B0	1,030×1,456	B열 본판 전지	
A1	594×841			B1	730×1,030	전지 종이 패널	
A2	420×594			B2	515×730	2절지 종이 패널	
A3	297×420			B3	364×515	4절지 종이 패널	
A4	210×297	국배판	관보, 전화번호부	B4	257×364	8절지 종이 패널	
A5	148×210	국판	교과서, 잡지류	B5	182×257	4·6배판	주간지
A6	105×148	국반판	문고본	B6	128×182	4·6판	단행본
A7	74×105			B7	91×128	4·6반판	전표, 메모지
A8	52×74			B8	64×91	전화번호 수첩	

4×6 전지(788mm×1,091mm)

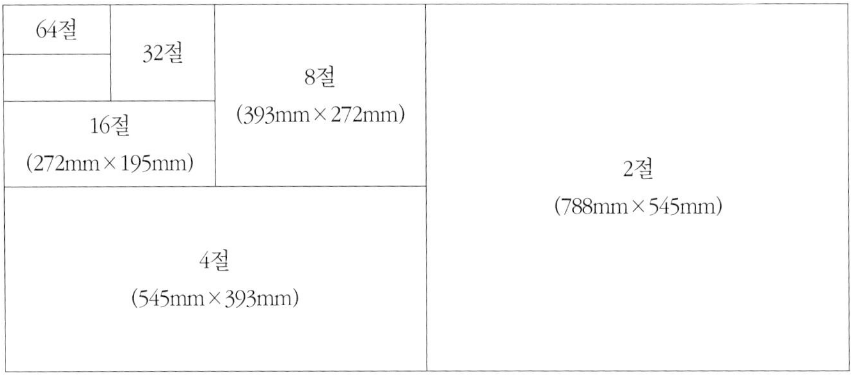

종이는 다양하게 분류할 수 있으나 일반적으로 양지와 판지, 한지로 나눌 수 있다. 양지와 판지는 목재펄프가 주된 원료이며, 한지는 닥, 삼, 마 등의 인피섬유를 원료로 하여 사람이 직접 제조했으나 근래에는 목재펄프를 섞어서 기계로 생산하기도 한다. 그러므로 양지와 한지의 구분은 원료로 선별이 어려우며 주로 외관으로 선별이 가능하다.

1) 양지

현재 우리가 쓰는 대부분의 종이는 양지(洋紙)로서, 목재펄프를 원료로 하여 각종 첨가제를 넣어 기계로 생산한다. 잉크나 물의 번짐을 막기 위해 화학약품인 AKD라는 사이즈액을 입히게 된다. 사이즈액이 많이 첨가된 종이일수록 물감이 잘 스며들지 않는다.

(1) 신문용지

신문지나 잡지, 서적 인쇄, 출판물에 쓰이는 종이를 말한다.

> 미술치료에서 그림 그리기에 부담을 느끼는 내담자에게 신문지나 잡지에 그림을 그리게 하면 일반화지보다 부담을 덜어주고 편안하게 그릴 수 있다는 장점이 있다.

다양한 신문용지

잡지를 이용한 콜라주: 내가 좋아하는 것

(2) 도화지

그림을 그릴 수 있는 미술용 종이를 도화지라고 한다. '도화지' 라는 이름은 일본에서 미술 과목을 '도화공작' 이라 하고 그림을 '도화' 라고 부르는 데서 유래되었다.

도화지는 각종 첨가제의 양을 조절하여 수분과 물감의 흡수와 번짐이 그림 그리기에 적당하도록 만들어졌다. 모조지나 갱지보다 두껍고 표면이 거칠어 크레파스를 사용하거나 수채화를 그리기에 적합하다. 보통 그림을 그리는 종이는 앞, 뒤의 구분이 있다. 대체로 종이는 앞면이 물을 적당히 빨아들이고 눈으로 보거나 만졌을 때 더 매끄러우며, 뒷면은 물을 금방 흡수하고 표면이 좀 더 거칠다.

> 미술치료에서 도화지는 가격 면이나 종이의 질적인 면에서 내담자가 부담 없이 사용할 수 있다.

① 켄트지

원래 영국의 켄트 주에서 만든 미술용 종이를 일컫는 말인데 우리나라에서는 도화지를 켄트지라고 잘못 부르기도 한다. 켄트지는 보풀이 일어나지 않도록 사이즈액을 입힌다. 좋은 켄트지는 지우개로 지웠을 때 보풀이 잘 일어나지 않고 연필로 가는 선이 그어질 수 있어야 한다. 고급 제도용지나 그래픽 디자인용지로 쓰이며 제도나 명함, 카드용지로도 쓰인다.

② 와트만지

종이를 만든 사람의 이름을 따서 와트만지라고 부른다. 주로 전문가들이 사용하는 순백색의 두꺼운 종이로 면이나 마의 파쇄물을 원료로 하여 제조한다. 착색이 잘 되므로 특히 수채화용으로 많이 쓰인다.

(3) 아트지

종이의 한 면 또는 양면에 아교를 바르고 그 위에 광물질 가루를 입혀 말린 후 반들반들하게 윤이 나도록 만든 종이를 말한다. 인쇄효과가 선명하고 화려한 것이 특징이며 고급 잡지, 팸플릿, 카탈로그, 달력 등의 상업인쇄물에 널리 사용된다.

(4) 포장용지

① 크라프트지

일반봉투나 서류봉투의 용지로 사용되며, 약간 붉은색이 가미된 갈색종이로 일반 소포 포장지가 이에 해당된다.

② 박엽지

사전 등에 사용되는 엷은 종이의 총칭으로, 담배용지에도 사용된다.

③ 모조지

비교적 견고하여 인쇄에 적합한 성질을 가지며 고급 포장지로 사용된다.

④ 유산지

내수성이 강해 유제품의 포장용지로 쓰인다.

켄트지

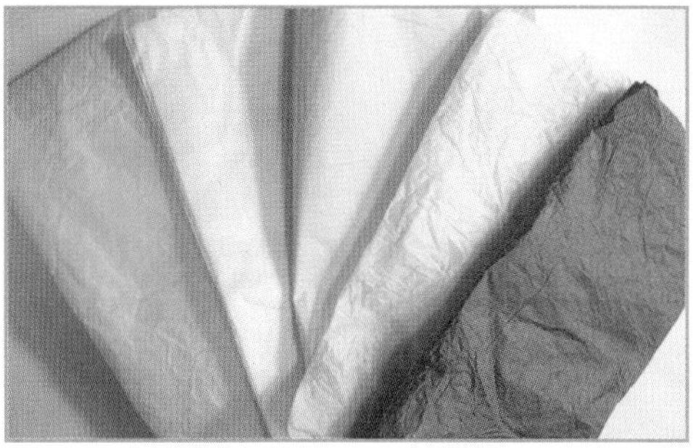
습자지

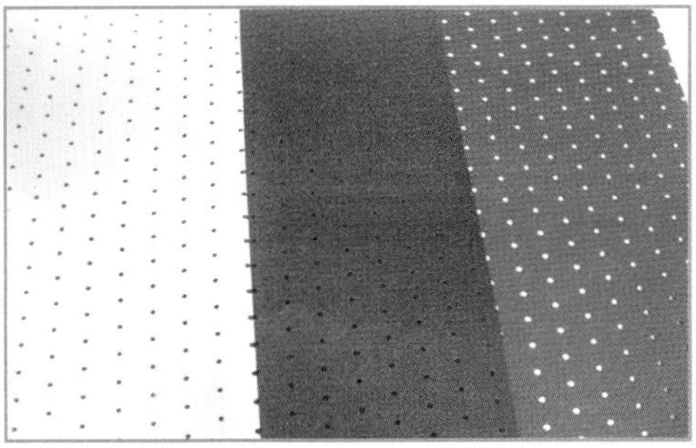
타공지

색도화지

색종이

주름지

펄구김지

2) 판지

판지(板紙)란 여러 종류의 종이가 겹친 것을 이용하여 층마다 다른 원료를 사용할 수 있으므로 그 원료의 사용에 따라 판지의 종류가 정해진다. 가장 보편적으로 포장재로 사용하고 있으며 종이의 질은 강한 편이다. 판지의 원료로는 각종 목재펄프, 파지 등이 사용된다.

(1) 백판지 · 기타 판지

백판지는 표층에 백색지로 종이를 뜬 판지로서, 담배나 화장품, 약품 등 작은 상자의 제조에 쓰이는 마닐라보드와 완구나 가전제품의 포장 등 대형상자에 쓰이는 백보드로 나누어진다. 그 외에는 우유팩, 승차권 등에 쓰이기도 한다.

미술치료에서 백판지로 만들어진 크고 작은 상자들은 내담자에게 그림을 그릴 수 있는 화지의 역할과 조형물을 만들 수 있는 공작물로서도 충분한 역할을 한다. 미술치료에 흔히 사용되는 백판지에는 하드보드지가 있다.

하드보드지

우유팩을 활용한 작품: 풍차

(2) 골판지

골판지는 19세기 중반 영국에서 모자의 땀받이용으로 종이에 단을 붙여 제작되었으며, 현재와 같은 골판지는 19세기 말 미국에서 처음 사용되었다. 골판지는 두 장의 판지 사이에 골심지를 넣는 방법으로 제작하여, 상품을 보호하고 외부의 충격을 완화시킬 수 있는 포장용으로 가장 널리 사용되고 있다. 이러한 판지는 활동에 흥미를 주는 미술매체로 화방이나 문구에서 미술 공작용으로 크기별, 색깔별로 손쉽게 구할 수 있다.

미술치료에서는 띠 골판지를 이용하여 감기나 판화 또는 액자 꾸미기 등을 할 수 있어 활용도가 높다.

골판지

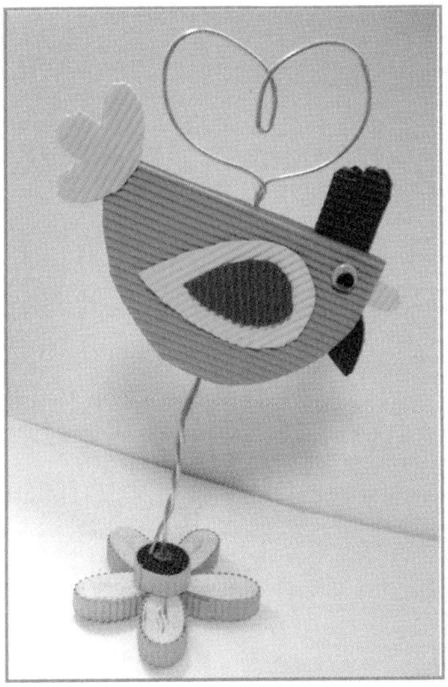
골판지: 메모꽂이

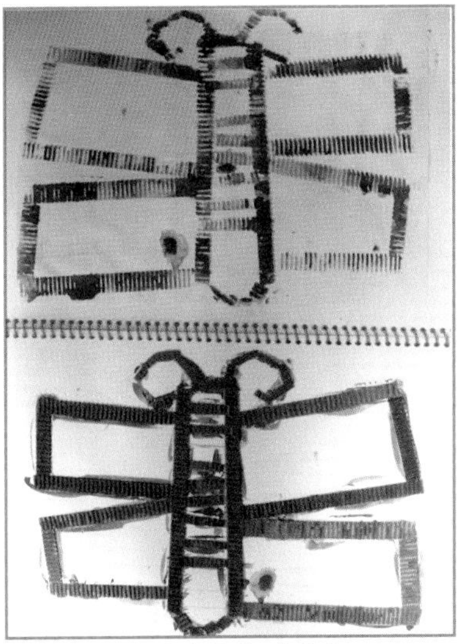
골판지 판화: 잠자리

(3) 셀로판지

셀로판지의 원료는 목재펄프의 섬유를 가성 소다 등으로 화학 처리하여 점액의 비스코스로 만든 것이다. 얇은 막으로 되어 있어 투명도가 뛰어나고 상품 포장에 많이 사용되는 소재로, 플라스틱 필름이 발명되기 이전부터 사용되어 왔다.

> 미술치료에서는 락스와 물을 희석시켜 면봉으로 셀로판지에 그림을 그려보게 하는 것도 가능하다.

셀로판지

3) 한지

한지(韓紙)는 우리나라 고유의 종이로서, 그 우수성은 예부터 이미 잘 알려져 있다. 재료에 따라서 닥종이, 등지, 고정지, 장지, 창호지, 화선지 등으로 나누어진다. 생산지에 따라서는 강원도 평강의 설화지, 평강지, 가평지와 전북 용담의 농선지와 순창의 상화지, 전주지 등이 있으며 시대에 따라 이름이 달라지는 경우도 있다.

미술치료에서 한지는 흔히 쓰는 양지와는 또 다른 느낌을 주어 내담자들에게 흥미를 준다.

(1) 화선지

동양화에 주로 사용한다. 번짐 효과가 잘 나타나는 반면에 잘 찢어진다.

(2) 장지

화선지를 겹쳐서 만든 것으로 화선지보다 흡수력은 떨어지지만 잘 찢어지지 않는다는 장점이 있다.

(3) 창호지

주로 문을 바르는 데 쓰는 얇은 종이로, 약간 누르스름한 색을 띤다.

색한지

한지

2. 회화매체

회화매체

연필, 색연필, 크레파스, 크레용, 사인펜, 마커, 매직, 파스텔, 목탄, 콩테, 볼펜, 분필, 수채물감, 아크릴물감, 유화물감, 포스터컬러물감, 템페라물감, 마블링물감, 스테인드글라스물감, 먹물, 파스넷, 불어펜, 한국화물감, 염색용물감, 페이스페인팅물감 등

회화란 여러 가지 선이나 색채로 평면상에 형상을 그려 내는 조형미술을 말한다. 미술치료에서는 주로 그려서 표현하는 방법이라 할 수 있으며, 일반적으로 딱딱하고 굳은 형태의 건식매체와 고형의 덩어리로 되어 있는 습식매체로 나누어진다.

1) 건식매체

건식매체에는 딱딱하고 굳은 형태의 연필, 색연필, 목탄, 사인펜 등이 있으며, 처음 미술치료를 시작하는 사람이나 통제력이 필요한 사람에게 유용하게 활용된다.

(1) 연필

연필은 흑연에 점토의 분말가루를 혼합하고 고온에서 구워 굳힌 심을 알맞은 굵기와 길이로 만들어서 나무 등의 축에 끼운 막대형의 필기도구다. 현재와 같은 흑연을 재료로 한 연필은 1564년 영국의 엘리자베스 1세 때 흑연이 발견되어 이것을 막대모양으로 가공하여 필기도구로 쓴 것이 기원이다. 현재의 연필은 1795년 콩테(Conte)가 흑연과 점토를 혼합하고 이것을 고온에서 구워 굳혀서 심을 만드는 방법을 발명한 것이다. 연필심의 재료는 90% 이상의 탄소가 함유된 흑연과 도자기를 만드는 데 쓰이는 점토에 물을 혼합해서 만든다. 흑연과 점토의 배합비율에 따라 흑심의 강한 정도와 진하기가 결정되며, 단단할수록 H(Hard)로, 무를수록 B(Black)로 나타낸다. 단계는 10H에서 8B까지 있으며 H의 숫자가 클수록 단단하지만 연하고, B의 숫자가 클수록 무르지만 진하다. 보통 글씨는 HB로 쓰고, 그림을 그릴 때는 B가 높은 쪽으로, 정교한 작업을 할 때는 H가 높은 쪽을 사용한다.

연필은 스케치, 데생, 크로키 등 모든 그림에 이용할 수 있는 가장 기본적인 재료다. 세밀한 표현과 수정이 가능하고 흑심의 종류에 따라 선의 형태나 분위기가 다르게 표현된다. 좋은 연필은 균일한 굵기의 선이 매끄럽게 그어지고, 지면에 정착성이 좋아 종이가 쉽게 더러워지지 않아야 한다. 그림을 그릴 때 지나치게 단단한 연필을 사용하면 선이 딱딱하고 깊이감이 없으며 날카로운 느낌을 준다. 그러므로 약간 진하다고 생각될 정도의 연필을 사용하는 것이 좋다.

＊ 유의할 점

문구에서 파는 가격이 저렴한 아동용 4B연필은 잘 부러지고 선의 깊이감이 부족하다. 미술치료에서 사용할 때는 화방에서 파는 전문가용을 구입하는 것이 내담자가 좌절감을 느끼지 않고 편안하게 사용할 수 있다. 4B연필은 연필깎이를 이용하여 깎으면 심이 잘 부러져 연필깎이 고장의 원인이 되므로 직접 칼로 깎아 사용하는 것이 좋다.

> 연필은 누구나 사용해 본 경험이 있으므로 접근이 용이하고 다루기도 쉽다. 미술치료에서 4B연필은 주로 HTP나 KFD 등과 같이 진단기법을 그릴 때 사용된다.

전문가용 연필세트

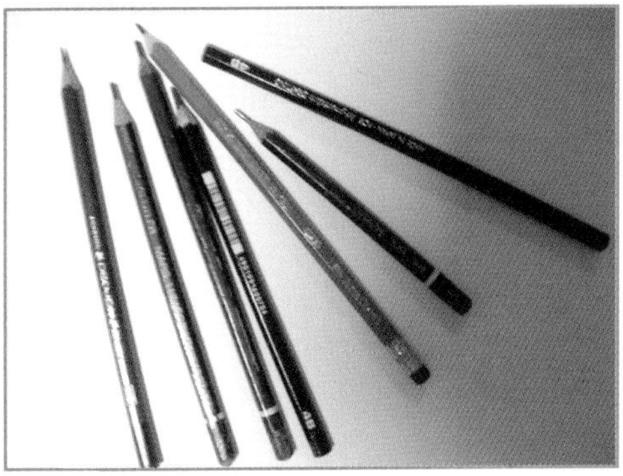

연필

(2) 색연필

색연필은 연필의 심에 납, 찰흙, 백악 등의 광물질 원료를 섞어 여러 가지 색깔이 나오도록 만든 것으로, 지금으로부터 약 200년 전쯤 흑연을 심으로 만들어 나무틀에 박은 연필이 생산된 이후에 만들어지기 시작했다. 연필과는 달리 색연필의 심은 구워서 만들지 않고, 왁스 성분에 착색염료와 활석풀을 섞어서 반죽한 것을 막대모양으로 가공하여 만든다.

색연필의 종류는 수성과 유성으로 나뉜다. 유성색연필은 보통의 크레파스 성분과 비슷하고 왁스 성분이 많이 첨가된다. 유성색연필은 자체기법을 사용할 수도 있고 다양한 혼합기법을 구사하면 새로운 표현이 가능하다. 수성색연필은 수채물감처럼 안료에 아라비아 고무액을 섞어 만든 것으로, 작품을 색칠한 후 물에 적신 붓으로 칠해주면 수채화의 효과를 볼 수 있다. 그 밖에 유성, 수성보다 간편하며 파스텔 효과를 낼 수 있는 색연필도 있어 표현방법들이 매우 발전되어 있다(강석, 이규호, 2006). 아동이 쓰는 색연필은 가운데 심을 중심으로 종이를 말아 놓은 형태와 플라스틱 막대 안에 심을 넣어 놓아 돌려쓰는 두 종류가 있다.

색연필은 크레파스보다 덜 번지면서 더 섬세하고 정교한 표현이 가능하다. 색의 종류가 다양하여 색을 이용하여 감정표현이 가능하지만 강한 색 표현은 어렵다. 일반 연필로 그린 것보다 부드럽고 깔끔한 효과를 낼 수 있다. 연필로 그렸을 때 검은 심으로 인해 화지가 지저분해지는 것에 반해, 색연필로 밑그림을 그리면 깨끗한 스케치를 할 수 있다.

✱ 유의할 점

부드러운 심을 가진 색연필의 선은 지저분해지기 쉽고 심의 부스러기가 남기도 한다. 색연필로 그린 그림은 장기간 보관을 위해 정착액을 뿌려야 한다.

미술치료에서는 24색 정도면 표현하기에 충분하며, 아동들이 주로 사용하는 12색, 혹은 24색의 유성색연필을 많이 사용하고 있다. 전문가용은 일반 연필처럼 깎아 사용한다.
색연필은 어린 유아나 노인들에게는 크레파스보다 길이가 길고 손에 잘 묻지 않으면서 자유롭게 쓸 수 있어 여러 가지로 손쉽게 활용 가능하다.

전문가용 수성 · 유성색연필

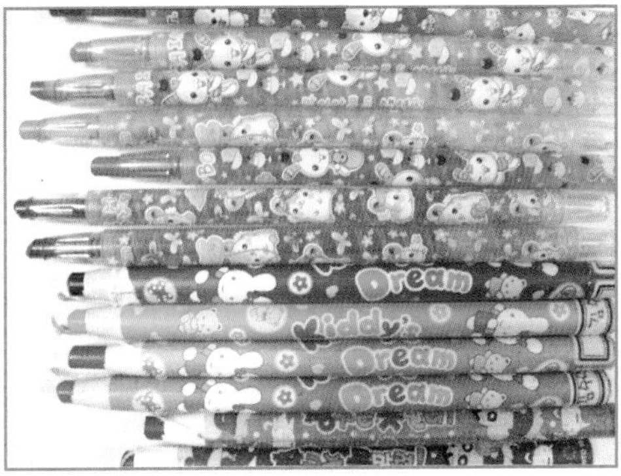

아동용 유성색연필

(3) 크레파스(오일파스텔)

크레파스는 크레용과 색연필의 중간단계로 정식 명칭은 오일파스텔이다. 크레파스는 크레용과 파스텔을 혼합한 것으로 이 두 가지 효과를 모두 낼 수 있다고 해서 붙여진 이름이다. 크레파스는 안료에 야자수와 왁스를 혼합하여 만든다. 1926년 일본에서 크레용과 파스텔의 중간 성질을 가진 파스를 개발한 것이 오늘날 우리가 사용하는 크레파스의 시초다. 크레파스라는 용어는 크레용과 파스텔의 합성어로 제품의 이름이 그대로 사용되고 있다. 크레파스의 색 수는 시중에 보통 12색, 24색, 36색, 48색, 72색까지 나와 있다. 미술치료에서는 36색이나 48색 정도를 사용하면 다양한 색의 표현이 가능하다.

색연필이나 크레용보다 진하며 착색이 잘 되고 색을 칠하는 데 힘이 들지 않는다. 또한 손가락으로 문질러 색을 부드럽게 펼 수도 있고 두 가지 색을 덧칠한 다음 문질러서 혼색을 만들 수도 있다. 크레파스는 전색성이 좋아 계속 칠하면 선이 보이지 않고 면으로 변하므로 면적이 넓은 곳과 바탕색을 고르게 칠하기에 좋다. 유화의 밑그림 매체로 사용하면 재미있는 표현이 가능하고, 휴대하기 간편하여 야외에서 스케치나 크로키에 사용할 수 있다. 외국에서는 아동이 그림을 그릴 때 주로 크레용을 사용하고, 우리나라를 포함한 아시아 여러 나라에서는 주로 크레파스를 사용한다. 최근에 우리나라에서는 크레용과 크레파스를 병행하여 사용하고 있다.

✱ 유의할 점

진한 색 위에 연한 색을 덧칠하는 것이 힘들고, 색도 번지기 때문에 연한 색부터 점차 진한 색의 순서로 채색방법을 택하는 것이 깔끔한 작품을 만들 수 있다. 또한, 안료에 납 성분을 섞어 만드므로 손에 묻는 것에 유의해야 하며, 다 쓰고 난 뒤에는 비누로 깨끗하게 손을 씻는 것이 좋다.

크레파스는 부드럽고, 매끄러우며, 다양한 색 혼합이 가능하여 내담자가 부담없이 표현할 수 있는 매체다. 미술재료 중에서 사용하기 가장 간편한 매체이고, 스크래치, 문지르기, 스텐실, 물과 기름의 반발효과 등 다양한 표현이 가능하여 내담자들이 흥미롭게 사용할 수 있다. 손에 잘 묻으며 힘을 주고 쓰다보면 잘 부러진다. 이러한 부러짐은 내담자에게 좌절감을 느끼게 할 수도 있기 때문에 어린 유아나 강박적인 내담자에게 쓸 때 특히 주의해야 한다. 진하게 칠하면 찌꺼기가 발생하여 화지가 지저분해지거나 손에 묻을 수 있어 더러움에 대해 염려하는 내담자에게는 불편할 수 있다. 칼, 다리미 등의 위험한 도구를 병행해서 사용할 때는 치료자가 옆에서 반드시 지도해야 한다.

크레파스

(4) 크레용

크레용은 불어로 연필, 연필화라는 뜻이다. 고대 이집트인들과 고대 그리스 시대부터 밀랍과 안료를 섞어 사용하였고, 19세기 말 프랑스의 한 화가가 붓을 사용하지 않고 그릴 수 있는 막대형을 제작해 사용한 것이 최초의 크레용이다. 크레용은 안료에 파라핀, 왁스 등을 열로 녹인 후 골고루 섞어 만들며, 크레파스에 비해 파라핀이 적게 들어 있어 딱딱하고 건조한 편이다. 우리나라는 채색도구로 크레파스를 보편적으로 쓰는 반면, 서구에서는 크레용이 주된 채색도구다.

크레용은 크레파스와는 달리 뭉개짐이 적어 선의 표현이 용이하고, 광택이 나며 크레파스보다 세밀하고 정교한 표현이 가능하다. 또한, 크레파스는 고루 퍼지면서 섞이지만, 크레용은 여러 번 덧칠해도 잘 섞이지 않아 덜 정돈되면서도 딱딱한 느낌을 준다.

유성크레용은 물과 기름의 반발원리를 이용해 배수성의 효과를 낼 수 있으며, 크레용의 미세한 분말을 뿌린 후 얇은 종이를 덮고 약한 열로 다림질하여 수채화 효과를 나타낼 수도 있다(고현 외 6인, 2008).

✱ 유의할 점

물로 쉽게 지워지고, 색연필과 비슷한 굵기이지만 힘을 주어 칠하면 잘 부러지기 때문에 채색할 때 주의해야 한다. 불투명하고 혼색이 용이하지 않아 색을 많이 갖추는 것이 좋다.

크레용은 발색력이 연하고 딱딱하여 혼색이 잘 되지 않는다. 전체적으로 채색의 분위기가 크레파스처럼 선명하지 않아 내담자들이 색을 칠하는 것에 불만이 생길 수도 있다.

크레용

(5) 사인펜, 마커, 매직

① 사인펜

사인펜은 원래 필기도구의 한 종류였으나 여러 색들로 구성되어 아동들의 미술활동에 쓰이는 등 일상생활에서 다양하게 사용된다. 사인펜 안의 심은 나일론이나 폴리에스테르 섬유를 굳혀서 만들고 그 안에 수성잉크나 유성잉크를 넣은 것이다.

매직이나 마커보다 예리하면서도 강한 선이 나오고 세밀한 표현이 가능하다. 색이 진하여 명암표현은 어려운 편이다. 사인펜의 종류로는 컴퓨터용 사인펜과 수성사인펜, 유성사인펜이 있다.

✱ 유의할 점

오랫동안 사용하지 않으면 잉크가 증발할 수 있으므로 뚜껑을 잘 닫아 보관해야 한다. 수성사인펜의 경우 물이 묻으면 그림이 변형되어 내담자가 실패감을 느낄 수 있으며 넓은 면을 채색하는 것이 쉽지 않다. 사인펜을 쓸 때 얇은 종이는 찢어질 수 있으므로 유의해야 한다.

> 사인펜은 아동들이 좋아하는 매체이지만 통제가 잘 되지 않는 아동에게 사용할 때는 주의해야 한다. 일반적으로 수성사인펜을 많이 사용하며, 수성사인펜으로 그린 후 물로 번지는 효과를 주면 내담자의 호기심을 이끌고 감정 이완에도 도움이 된다. 유성사인펜은 물에 번지지 않으므로 다양한 바탕매체에 사용할 수 있다.

사인펜, 네임펜

② 마커

마커는 안료에 알코올을 혼합한 필기구의 일종으로 회화매체에서는 붓이나 팔레트 없이 직접 채색할 수 있는 재료다.

색연필처럼 색상이 다양하고, 건조 속도가 빨라 첨단재료로 각광받고 있다. 그러나 수정이 불가능하고 혼색이 어려우며, 색상의 발색도가 낮고 탁하여 다양한 색상을 구비하여야 한다. 디자인과 일러스트레이션, 건축 등 주로 실용적인 분야에서 사용하였으나 근래에는 미술교육이나 미술치료에 많이 활용되고 있다. 마커는 전문 마커지뿐만 아니라 일반 복사용지, 시험지, 화선지, 트레싱지 등 거의 모든 종이에 사용이 가능하다.

＊ 유의할 점

마커로 그린 그림은 쉽게 퇴색되는 경향이 있어 작품으로 남기기 위해서는 정착액을 사용해야 한다.

③ 매직

매직은 속건성의 잉크를 사용하는 일종의 사인펜이다. 원래의 용도는 필기구이고 사인펜보다 심이 굵다.

> 미술치료에서 사용 시 매직은 수성사인펜으로는 칠하기 힘든 천, OHP 필름, 나무, 지점토 꾸미기에 좋다.

마커

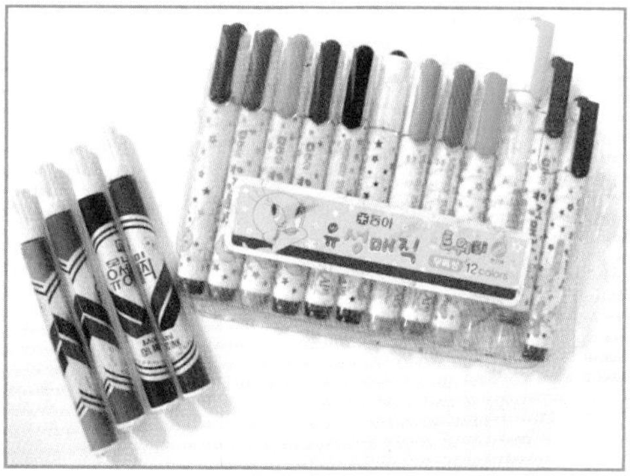

매직

(6) 파스텔

파스텔은 회화와 소묘의 성격을 동시에 갖고 있는 독특한 매체로서, 그리스어로 '반죽하다' 라는 뜻을 갖고 있다. 파스텔이라는 말이 문헌상에 나타난 것은 16세기 말부터다. 그러나 이때의 파스텔은 경질의 초크를 이르는 말로 오늘날의 파스텔과 같은 모습은 18세기 프랑스 화가들에 의해 만들어졌다. 파스텔은 마른 색채가루에 약간의 고착제를 첨가하여 반죽한 후 막대모양으로 성형 건조하여 제작하며, 크레용과 유사한 가루 안료를 걸쭉하게 굳혀 만든 것이지만 크레용과 같은 납 성분은 없다.

파스텔은 막대형과 연필형이 있으며 막대형은 넓은 면적이나 부드러운 표면처리에 적합하고, 연필형은 가는 부분이나 섬세한 표현에 좋고 터치를 살려낼 수도 있다. 막대형은 단단한 정도에 따라 소프트, 미디엄, 하드 세 종류로 구분된다. 소프트 파스텔은 색상이 화려하고 부드러우며 다루기 쉬워 가장 많이 사용되고 있다. 미디엄 파스텔은 소프트와 하드의 중간 성질을 띤다. 하드 파스텔은 작품의 스케치나 소프트 파스텔 작품의 선적인 부분 또는 섬세한 표현을 보충하는 데 주로 쓰인다.

파스텔은 만들 때 혼합용제를 거의 쓰지 않기 때문에 건조된 안료와 가장 비슷한 성질을 갖는다. 그래서 마치 안료 자체로 그림을 그리는 것과 같은 효과를 나타낸다. 이는 색상의 순수함을 그대로 간직하도록 하여 화면을 밝고 선명하게 만들어 준다(조용진, 배재영, 2001). 파스텔은 선명하면서도 부드럽고 화려한 색감을 지니고 있다. 진하거나 연하게 직접 칠할 수도 있고 칼 등으로 긁은 뒤 휴지나 손으로 문질러 표현할 수도 있다. 표면광택이 거의 없고 가루가 발생하고 잘 부러진다는 단점이 있다. 입자가 곱고 불투명성이 뛰어나 덧칠은 가능하나 혼색은 어려우므로 색의 종류가 다양하다.

✱ 유의할 점

파스텔은 시간이 지나면 변색될 수 있으므로 정착액을 뿌려 보관한다. 단, 정착액은 많이 사용하게 되면 색감이 어둡게 변한다. 파스텔은 손에 잘 묻어나고, 쉽게 부러지는 것에 유의해야 한다. 또한, 작업 시 발생하는 파스텔 가루에는 유해 안료가 섞여 있으므로 숨으로 들이키지 않도록 조심해야 한다.

> 파스텔의 선명하면서도 부드럽고 화려한 색감은 내담자에게 크레파스나 색연필과는 달리 포근하고 따뜻한 느낌을 준다. 선의 강약, 율동, 겹치기 등에 의한 감정 표현을 자연스럽게 유도할 수 있다.

파스텔

(7) 목탄

목탄은 선사시대 사람들이 숯을 이용해 동굴의 벽에 기호나 그림 등을 그렸던 것에서 기원을 찾을 수 있다. 목탄은 인간이 가장 먼저 사용했던 미술재료이며, 버드나무나 오동나무의 작은 가지들을 공기가 차단된 가마에서 삶아 찐 후 불완전 연소로 태워 만든다. 목탄은 나무의 리그닌(Ligrin: 나무를 목질화하는 물질의 함량)에 따라 그 성질이 달라지는데 포도나무, 밤나무, 버드나무 가지는 리그닌이 많은 편이라 선이 단단하고 색이 진하며, 오동나무는 버드나무보다 리그닌 함량이 적어 연하고 색이 부드럽다. 목탄은 가볍고 색의 농도가 짙은 것이 좋다. 제작기법에 따라 막대목탄, 압축목탄, 목탄연필, 가루목탄 등으로 나뉜다.

✱ 유의할 점

목탄은 잘 부러지고 화지에 부착력과 보존성이 낮아 완성한 후 정착액을 뿌려 고정해야 한다. 목탄을 구입할 때에는 숯이 빨간색을 띠거나 단단함이 균일하지 않은 것은 피하는 게 좋다.

미술치료에서는 사용하기 쉽고 섬세한 표현도 가능한 목탄연필을 사용하는 것이 좋다. 목탄은 연필보다 입자가 거칠고, 심을 뾰족하게 유지하는 것이 힘들어 섬세하고 정교한 표현은 어렵다. 그러나 명암 표현이 자유롭고 수정하기가 쉽기 때문에 표현하기 어려워하는 내담자들이 자유롭고 편안하게 쓰기 좋다. 손으로 문지르며 사용하기 때문에 내담자의 감성적인 느낌을 유도할 수 있고, 작품을 진행하는 과정의 감정이 고스란히 작품에 표현된다. 손에 묻는 것을 싫어하는 내담자는 천으로 문지르는 것을 유도할 수 있다. 목탄은 면천이나 가죽, 식빵이나 지우개 등으로 지울 수 있다.

목탄연필

(8) 콩테

연필의 원조라 할 수 있는 콩테는 'Cryon de conte' 라고 부르며 '초크' 라고도 한다. 1800년 프랑스의 콩테(Conte)에 의해 처음 발명되었고, 그의 이름을 따서 콩테라 부른다. 천연 안료와 밀랍, 기름 성분을 혼합하여 다진 것으로 오일파스텔과 성질이 유사하지만 가늘고 더 길다. 검정색, 어두운 갈색, 연빨간색, 회색, 흰색 등이 있고 최근에는 더 다양한 색들이 생산되고 있으며 형태로는 막대형과 연필형이 있다. 지우개로 잘 지워지지 않아 수정이 어려우며 연필보다 심의 상태가 무르기 때문에 농도가 매우 진하고 부드러운 표현이 가능하다. 표면이 거친 색지나 검정색 종이에 흰색을 사용하거나 연필과 함께 사용할 수 있으며 파스텔과 함께 채색용으로도 사용이 가능하다.

✱ 유의할 점

콩테는 화면 부착력이 우수한 대신 수정이 어렵다. 가루 날림을 방지하거나 오래 보존하기 위해 정착액을 뿌리는 것이 좋다.

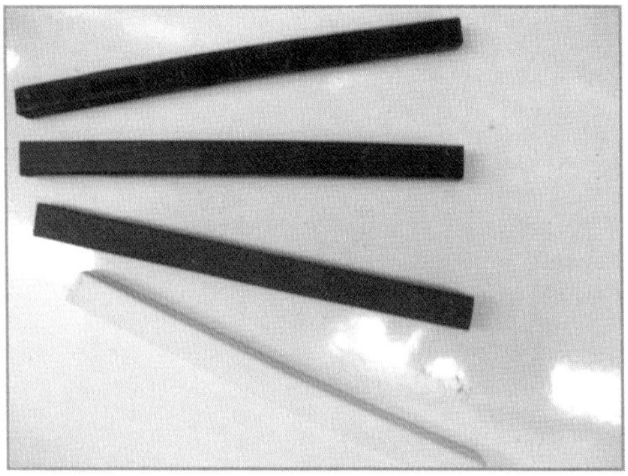

콩테

콩테 크레용

(9) 기타

① 볼펜

필기도구의 일종으로 우리나라에는 1945년 미군에 의해 소개되면서 대중적으로 쓰이게 되었다. 현재는 매우 다양한 색과 굵기의 볼펜이 시중에 판매되고 있다.

볼펜은 선으로 표현하기 용이하며 만년필처럼 잉크를 찍어 사용할 필요가 없어 쓰기에도 편하다. 볼펜으로 그린 그림은 선의 강약, 방향, 형태의 구성 등이 내담자의 감정을 잘 표현한다. 얇은 종이는 반복적인 선 표현이나 채색 시 찢어질 수 있으므로 유의해야 한다.

② 분필

칠판에 글씨를 쓰는 필기구로서, 탄산석회나 구운 석고의 가루를 물에 개어 손가락 정도의 굵기와 길이로 굳혀서 만든다. 검은 도화지나 색도화지에 크레파스나 크레용 대용으로 그림을 그리면 선명하고 부드럽게 그려져 새로운 느낌을 준다. 분필은 아동들이 특히 좋아하는 매체이지만 힘을 주면 잘 부러지므로 주의해야 한다.

2) 습식매체

습식매체는 고형의 덩어리로 되어 있어 물을 사용하는 매체이며 주로 다양한 물감과 먹물, 잉크 등을 말한다. 습식매체의 원료는 안료(색소)와 미디엄(고착제)으로 구성된다. 가루로 된 안료를 색소로 쓰고 미디엄은 그 안료를 화지에 부착시키는 성질, 화지에 고르게 펴는 성질을 갖춘 물질을 선택하여 사용한다. 안료는 물감의 색을 결정하고 미디엄은 물감의 종류를 결정한다. 우리가 흔히 쓰는 대부분의 채색재료는 거의 같은 안료를 쓰지만 그 미디엄은 각각 다르다.

습식매체는 위축된 내담자에게 통제감을 주지 않고 자유로운 감정표출을 도와준다.

(1) 수채물감과 불투명수채물감

① 수채물감

수채물감은 미세한 분말 안료에 고착제로서 아프리카산 아카시아 나무에서 추출한 아라비아 고무를 녹여 제조한 수용성 물감이다. 여기에 안료가 골고루 섞이고 물감이 굳는 것과 부패하는 것을 방지하기 위해 덱스트린, 글리세린, 방부제 등 각종 첨가물을 넣는다. 아라비아 나무의 수지는 물에 녹지 않는 다른 나무의 수지와는 달리 물에 녹는 수용성으로 사용하기 편리하고 종이에 접착력이 우수하다. 수채물감은 팔레트에 난색부터 한색 순으로 짜서 말린 후 사용한다. 물감 용기의 형태는 튜브형과 고체형이 있으며, 우리나라에서는 튜브형이, 서양에서는 고체형이 많이 쓰인다.

수채물감의 원시적 형태는 3500년 전 글과 삽화를 책에 그려 넣으면서 시작되었고, 중세에는 취급이 간편하고 물만 사용하는 편리함과 빨리 마르는 장점으로 대형 작품의 밑그림용으로 주로 사용하였다. 18세기경부터 영국에 보급되어 지금까지 널리 활발하게 사용되고 있다. 우리나라에는 1910년대 후반부터 유화의 수업을 위한 연습의 과정으로 사용하기 시작하였다. 수채물감은 투명수채물감과 불투명수채물감으로 나뉘는데, 우리나라에서 주로 사용하는 것은 투명수채물감이다.

수채물감은 다른 매체들과도 결합하여 쓸 수 있고, 접근이 용이하여 누구나 손쉽게 사용할 수 있다. 맑고 은은한 느낌을 주며, 넓은 면의 채색에 편리하다. 아동용 수채물감은 데칼코마니를 실시할 때 튜브에서 바로 짜서 사용하면 편리하며, 채색을 할 때에는 전문가용 수채물감을 이용하는 것이 색감이 좋다.

＊ 유의할 점

수채물감은 원료가 되는 안료에 납과 구리, 크롬 같은 중금속이나 비소 등 유독물질이 들어 있으므로 입에 넣지 않도록 주의한다.

수채물감은 내담자에게 이완과 자기표현을 촉진시켜 준다. 찍기, 뿌리기, 번지기, 겹치기 등의 다양한 기법을 구사할 수 있고, 스펀지, 소금, 각종 야채, 솔 등 다양한 도구 사용도 가능하여 아동이나 매체를 처음 사용하는 내담자에게 흥미롭게 접근할 수 있다. 다루기 쉬워 누구나 사용 가능하지만 조절력이 부족한 어린 유아나 통제가 힘든 내담자의 경우 사용하기 어렵다.

② 불투명수채물감

보통 과슈라고 부르며 아라비아 고무와 초미립자의 안료를 갠 것에 슈가 에스테르-꿀 등을 다양하게 혼합한다. 과슈의 기원은 서양 중세의 삽화장식이나 16~18세기의 세밀화, 유화의 바탕칠 등에 사용된 것으로, 독일 르네상스 시대의 화가 뒤러(Durer)가 풍경과 동물을 연구하는 데 과슈를 사용하였다(강석, 이규호, 2006).

색채의 명암에 있어서, 바탕종이의 흰색을 이용하는 투명수채물감과는 달리, 불투명수채물감은 흰색물감과 검은색 물감으로 명암을 표현한다. 과슈의 사용방법은 습식기법과 건식기법으로 나뉜다. 습식기법은 젖은 종이에 물감을 칠하여 번지게 하는 번지기기법(wet and wet)으로, 먼저 칠한 물감이 다 마르기 전에 다른 색을 겹쳐 칠하면 부드러운 느낌을 준다. 건식기법은 건조한 지면에 물감을 칠하고 먼저 칠한 물감이 마르고 나면 다른 색을 겹쳐 칠하는 덧칠기법(wet on dry)을 쓴다. 건식기법은 과슈의 불투명성을 잘 드러내는 표현방법이다. 어두운 색 위에 밝은 색을 칠하여 유화의 느낌을 낼 수도 있고 묽게 희석시켜 투명수채화의 느낌을 줄 수도 있다.

*** 유의할 점**

수채물감과 불투명수채물감을 주로 사용하는 화지인 켄트지는 장기간 보존할 시에는 보존력이 떨어지고 변색될 수 있으므로 오래 보존하기 위해서 중성지를 사용해야 한다.

미술치료에서 불투명수채물감은 자유로운 표현이 가능하고 다른 색과 섞어 사용하기 쉬워 우연의 효과로 인해 내담자의 감정표현을 도울 수 있다. 의도한 대로 표현하는 데 어려움이 있어 분노나 좌절을 느끼게 할 수도 있으며 통제가 되지 않는 내담자에게 사용하기 어렵다.

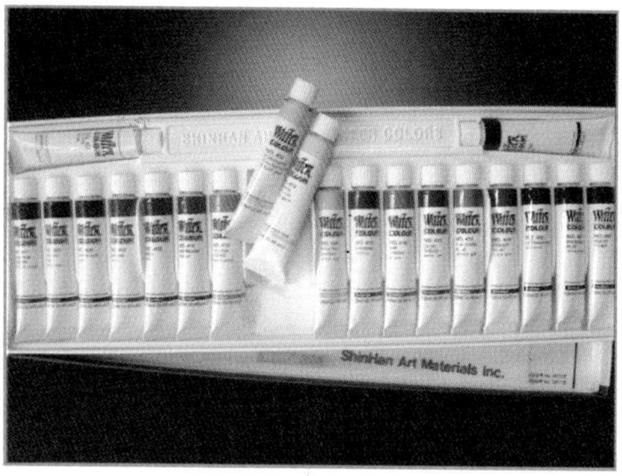

수채물감

불투명수채물감

(2) 아크릴물감

유화물감과 수채물감의 장점을 동시에 갖고 있으며 속성 건조하는 수용성 물감이다. 아크릴물감의 원료는 안료에 합성수지를 혼합하여 만든 것이다. 독일의 테르너에 의해 연구된 것이 시초이고, 1930년대 멕시코의 화가들과 미국의 화학회사에 의해 실내외에 모두 사용할 수 있는 견고한 벽화용 화구의 개발로 시작되었다. 아크릴물감은 튜브나 병의 형태로 나뉜다.

아크릴물감은 빨리 마르고, 불투명하며, 자극적인 냄새도 없다. 수용성이므로 사용이 간편하며 수채물감이나 포스터컬러물감과 혼합사용이 가능하고 두께감이 있어 독특한 질감을 표현할 수 있다. 접착력이 강하여 종이뿐만 아니라 목재나 철재, 천, 유리병 등에 다양하게 응용할 수 있다. 유연성이 있어 여러 번 덧칠해도 갈라지지 않고, 혼색이 쉬우므로 자유롭게 색채를 표현하기 좋다.

✱ 유의할 점

아크릴물감은 마르면 완전히 고착되므로 수정하기 어렵고, 건조 후에는 물감의 부피가 줄어들어 가장자리가 수축될 수도 있다. 마른 다음에는 물에 녹지 않으므로 필요한 만큼 자주 덜어 쓰는 것이 좋다. 유성인 유화물감과 함께 사용해서는 안 되며, 빨리 건조되는 것을 피하고 싶을 때는 건조 완화제인 리타더(retarder)를 물감에 섞어 사용하면 된다. 아크릴물감은 빨리 마르고, 한 번 마르면 물에 잘 씻기지 않으므로 붓은 계속 물에 담가 두면서 써야 하고 다 쓴 후에는 빨리 씻어 말려야 한다.

다양하게 응용이 가능한 아크릴물감의 장점은 미술치료에서 내담자들이 재활용품을 이용하여 공작 시 채색을 용이하게 한다. 미술치료에서 사용 시 치료자는 유화물감처럼 아크릴물감에 대한 기본 지식과 도구를 다룰 수 있어야 한다. 내담자에게 한꺼번에 너무 많은 주의점을 설명하게 되면 미술에 대한 두려움을 유발시킬 수 있고 창작의욕을 떨어뜨릴 수 있으므로 치료자가 진행과정에서 적절하게 개입해야 하며, 가급적 사전에 철저한 준비를 한 후 실시하는 것이 바람직하다. 옷에 묻으면 잘 지워지지 않으므로 조심해야 한다.

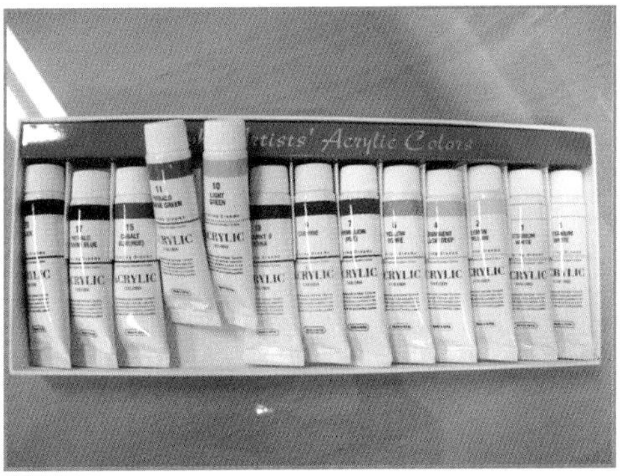

아크릴물감

(3) 유화물감

유화물감은 아크릴물감과 달리 공기와 접촉하면서 굳어지는 식물성 기름에 안료를 혼합하여 제작된다. 다른 수용성 물감들에 비해 깊고 은은한 광택을 가지고 있다. 유화물감의 기원은 회화에 전색제로 기름이 사용되기 시작한 15세기부터이며, 19세기부터는 보관할 수 있도록 용기에 담아 사용하였다. 유화물감의 종류로는 튜브형과 막대형이 있다. 막대형은 오일바 또는 오일스틱이라고 하며 튜브형 물감의 건조시간이 오래 걸리는 것을 보완하기 위해 파스텔처럼 막대형으로 만들어졌다. 물에 개거나 붓, 팔레트 등의 도구가 필요하지 않아 간편하게 사용할 수 있다.

유화물감은 발색이 뛰어나고 두껍게 칠할 수 있어 입체감 표현이 가능하며 물감의 건조속도가 느려 수정이 용이하고 덧칠이 가능하다. 유화물감의 건조속도가 느린 점을 보완하여 아크릴물감이 개발되었다. 물감을 빨리 마르게 할 때에는 시카티브(속건제)를 섞어 사용한다. 이때 많이 사용하면 물감이 굳으면서 갈라질 수 있으니 한두 방울만 사용하는 것이 좋다. 기름을 많이 사용하지 않으면 붓의 터치가 잘 나타나서 새로운 느낌을 준다. 붓을 비롯한 유화물감의 도구들은 석유를 사용하여 세척해야 한다.

* 유의할 점

유화물감은 용해성이 큰 기름을 미디엄으로 사용하기 때문에 각 색에 따른 화학적 변화의 요인이 많아서 취급에 많은 주의를 요하므로 다른 매체에 비해 더욱 많은 사전지식을 가지고 있어야 한다. 또한 유화물감에는 안료에 따라 혼색이 되지 않는 색이 있다는 것도 알고 있어야 한다.

유화물감은 기법에서 특별한 기술과 매체에 대한 충분한 사전지식이 필요하므로 치료자가 잘 다룰 수 있어야 활용도가 높다. 값이 비싸고 잘 마르지 않아 치료실에서는 아크릴물감으로 대체하여 많이 사용한다. 유화물감은 묻으면 잘 지워지지 않으므로 사용할 때 유의해야 하고, 매체를 처음 접하는 초보자나 위축되어 있는 내담자에게는 어려운 매체다. 건조속도가 느려 내담자가 원래 의도했던 표현에서 벗어날 수 있고 치료시간 내에 완성하기가 힘들다.

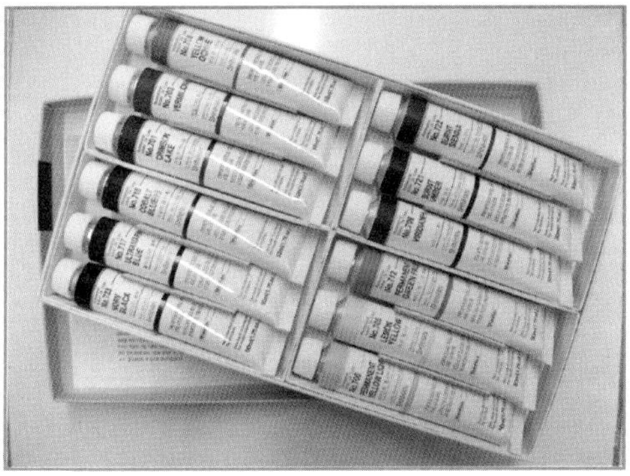

유화물감

(4) 포스터컬러물감

포스터(poster)라는 말은 포스트(post, 기둥)에 붙였다는 뜻에서 유래되었다. 1898년 프랑스의 화가 로트렉(Lautrec)이 처음 석판화 포스터를 발표한 이후 기계, 인쇄술의 발달로 급진적으로 발전되었다. 포스터컬러물감의 원래 목적은 인쇄하기 전 디자인된 상태를 확인하고 전달하는 것이었기 때문에 장기 보존 시 내구성이 떨어졌다. 그러나 근래에 일러스트레이션이나 그래픽 디자인이 발전하면서 내구성을 보완된 포스터컬러물감이 제작되고 있다. 서구에서는 디자인 과슈 또는 디자인 컬러라는 명칭을 사용한다. 포스터컬러물감은 병에 든 제품이 대부분이며 처음 구입 당시 물감 위에 떠 있는 맑은 액체는 미디엄으로 공기와 물감의 차단역할을 하며 장기보존이나 붓질을 용이하게 하므로 버리지 않도록 한다. 이 미디엄은 색을 칠할 때 나이프나 막대로 물감과 잘 섞어 사용한다.

불투명 수채라는 면에서 포스터컬러물감은 과슈와 같지만, 과슈는 주로 물로 농도를 조절하면서 회화용으로 사용하는 데 비해, 포스터컬러물감은 일정한 물을 이용하여 색상을 선명하고 정확하게 표현하는 데 목적을 둔다. 아크릴물감과 함께 점토매체의 채색에 용이하다.

*** 유의할 점**

포스터컬러물감을 굳지 않고 오래 사용하기 위해서는 쓰고 난 뒤 뚜껑을 잘 닫아 두어야 하고 장기간 사용하지 않을 시 알코올을 부어 두면 된다. 얼룩이 잘 생기는 색은 비눗물이나 흰색을 약간 섞어 쓰면 얼룩을 줄일 수 있다.

> 미술치료에서 포스터컬러물감은 점토나 공예품의 채색에 쓸 수 있으며, 어릴 때 누구나 사용해 본 경험이 있어 내담자가 부담없이 사용할 수 있는 매체다.

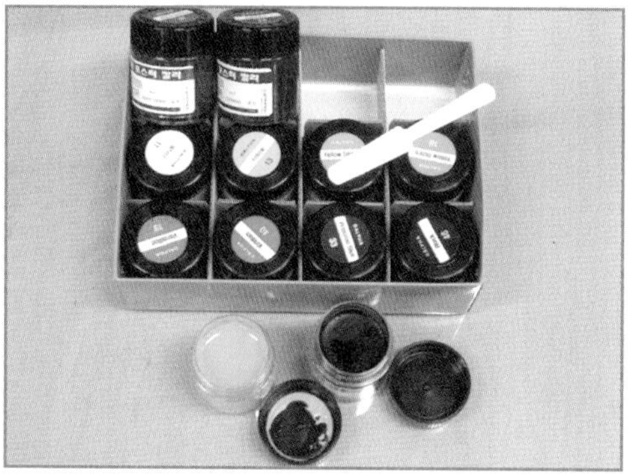

포스터컬러물감

(5) 템페라물감

템페라는 서양 회화기법 중 가장 전통적인 기법으로, '템페라' 라는 말은 안료에 미디엄(전색제)을 '혼합한다' 라는 뜻의 라틴어 'tempere' 에서 나왔다. 템페라물감은 가루로 된 불투명 안료에 달걀 용액을 섞어서 만든다.

템페라물감은 부드러운 색의 흐름을 내는 것이 어려워 약간 딱딱한 느낌이 드는 것이 유화물감과의 차이점이다. 마르고 나면 무광택이지만 니스 등의 마감제를 발라 광택을 낼 수도 있다. 이러한 템페라물감의 단점을 해결하기 위해 네덜란드 화가 얀 반 에이크(Jan Van Eyck)가 발명한 물감이 유화물감이다. 유화물감은 유성의 유화 질감과 수성의 수채화 질감의 중간 정도의 질감을 가진다.

*** 유의할 점**

템페라물감은 너무 빨리 말라 색을 혼합하기 힘들며 너무 두껍게 칠하면 균열이 생기기 쉽고, 보존하는 것이 어렵고 불편하다. 시중의 템페라물감은 색상의 범위가 제한되어 있으므로 가정에서 달걀노른자와 안료가루를 섞어 만들 수 있다. 물감을 사용하고 보관하는 데 모두 세심한 주의가 필요하므로 잘 사용되지 않는 편이다. 사용 시는 유화물감처럼 자연스럽게 쓸 수 있는 매체가 아니므로 색을 섞고 바르는 순서 등을 계획적으로 해야 한다. 흑연연필은 완성한 후 흔적이 나타나므로 템페라화의 밑그림에는 잘 사용하지 않고 옅은 물감이나 목탄을 사용한다. 또한 붓은 한 방향으로 사용해야 한다.

템페라물감

(6) 마블링물감

마블링물감은 물과 기름의 반발효과를 이용하여 만드는 기법에 사용된다. 넓은 용기에 물을 담고 2~3종류의 마블링물감을 떨어뜨린 후 막대로 살짝 저어 마블링을 만든 후 얇은 종이를 물 위에 덮어 물감이 종이에 전체적으로 묻어나도록 한다. 보색이나 배색 효과를 이용하면 독특한 색의 표현이 가능하다. 유성물감이므로 시너와 벤젠으로 지워야 하며 건조시간이 두께에 따라 오래 걸릴 수 있다.

마블링물감

(7) 스테인드글라스물감

스테인드글라스물감은 안료에 아교를 혼합한 것으로, 검정색과 흰색은 불투명하고 그 외 유채색은 투명하게 비춰 보인다. 접착성이 뛰어나고 발색효과가 좋아 투명유리, 아크릴판, 비닐, 아세테이트지 위에 칠하여 스테인드글라스의 효과를 낼 수 있다. 스테인드글라스물감의 대용으로 색한지나 색셀로판지를 이용하여 스테인드글라스의 느낌을 줄 수도 있다.

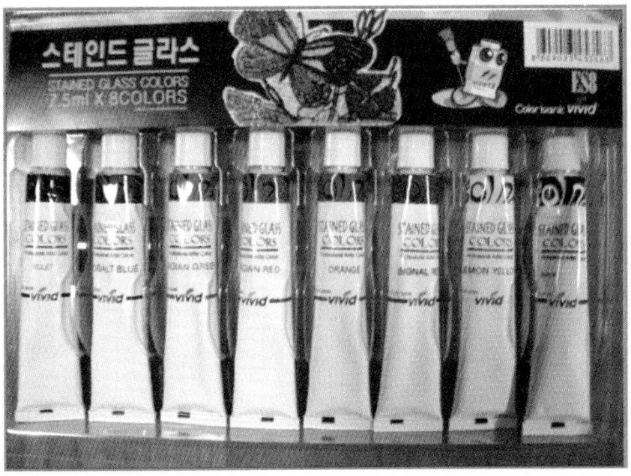

스테인드글라스물감

(8) 먹물

먹물은 그을음, 아교, 향료 등을 혼합하여 만든 것이며, 농도를 조절하기 위해 미디엄으로는 물을 사용한다. 오늘날 사용하는 먹의 형태는 중국의 후한 시대에 만들어졌다. 벼루에 직접 갈아서 쓰는 막대형과 바로 부어서 사용할 수 있는 액체형이 있다.

* 유의할 점

먹물은 옷에 묻으면 잘 지워지지 않으므로 주의해야 한다. 무채색의 범위에서만 작업이 가능하기 때문에 따분함과 지루함을 줄 수도 있다. 화선지에 먹물로 밑그림을 그리고 한국화물감으로 채색하면 동양화 작품을 만들 수 있다.

흑백으로 이루어진 먹의 단순성은 내담자로 하여금 매체에 대한 부담감을 줄여주고, 화선지에 먹물이 스며들어 번지는 자연스러운 경험은 켄트지나 다른 화지와는 또 다른 느낌으로 흥미를 유발한다. 불기, 흘리기, 그리기, 번지기 등 다양한 기법으로 활용이 가능하다. 물감을 처음 접하는 내담자는 먹물의 조절 능력이 부족하여 화선지가 찢어질 수 있으므로 두꺼운 창호지나 신문지에 먼저 그려보게 하는 것이 좋다.

먹물

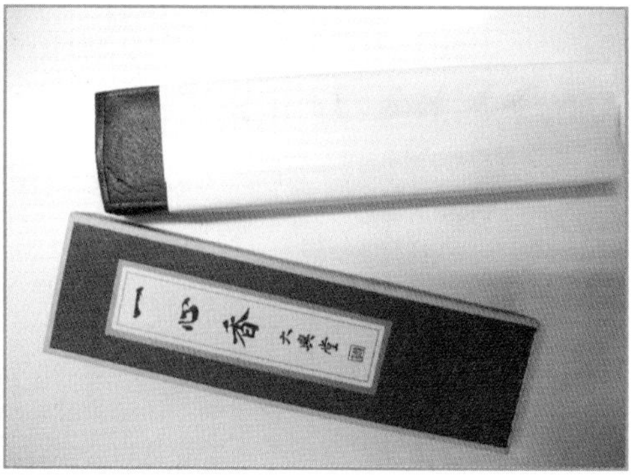

먹

(9) 파스넷

파스넷은 크레파스와 수채물감의 장점을 합쳐놓은 것으로, 물과 함께 사용하면 수채화의 효과가 난다. 크레파스로 넓은 면을 채색할 때 찌꺼기가 나오고 힘이 든다는 점과 물감의 물조절이 힘든 점을 보완하여 만들어졌다. 크레파스보다 부드럽지만 두꺼우므로 세밀한 묘사나 표현은 어렵다.

> 미술치료에서 파스넷은 영 · 유아나 충동적인 내담자가 사용하기 좋다.

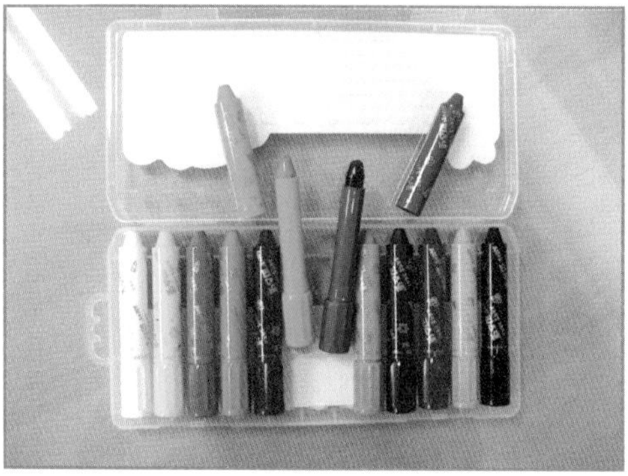

파스넷

(10) 기타

① 불어펜

불어펜은 수성 타입의 잉크가 용기 안에 들어 있으므로 막대를 불 수 있게 조립한 후 불어서 표현하도록 한다. 일반 물감에 빨대를 이용해서 부는 것보다 준비 과정이 간편하며 색의 농도도 진한 편이다. 입으로 불지 않고 직접 그릴 수도 있다.

> 불어펜은 입으로 부는 힘이 필요하므로 유아는 힘들어할 수도 있다. 산만하고 공격적인 내담자나 아동들의 미술치료에 사용하면 도움이 된다.

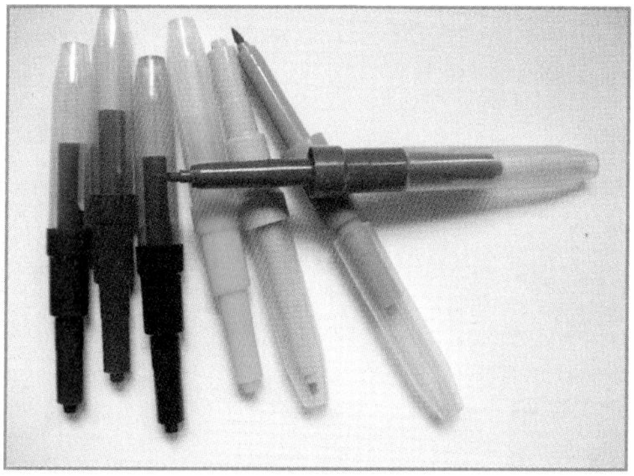

불어펜

② 염색용 물감

최근 다양한 종류의 염색용 물감이 시중에 판매되고 있다. 각종 천이나 운동화 등에 원하는 그림을 그릴 수 있고 빨아도 잘 지워지지 않아 반영구적이다.

> 염색용 물감은 작품이 완성되면 내담자들이 성취감을 느낄 수 있으며 주로 종결 단계에서 옷에 그림을 그려 보도록 하는 활동이 도움이 된다.

③ 펄물감

직물용으로 나온 것이 많아 염색용 물감과 함께 옷에 그림을 그릴 때 사용하면 색감이 화려해져서 작품의 완성도를 높일 수 있다.

염색용 물감

펄물감

④ 한국화물감

한국화물감의 형태로는 안채와 튜브물감으로 나뉜다. 천연 광석(鑛石)을 분쇄하거나 천연 흙, 식물의 꽃이나 뿌리 등을 채취, 가공하여 색을 얻는다. 이러한 안료에 아교와 천연 전분을 섞어 만든다. 이것은 천연 전분과 안료를 배합하여 접시에 담아 고형화한 것이므로 색상이 비교적 투명하고 밝다. 안채는 주로 스케치에 많이 쓰이고 튜브물감은 천연 안료를 고착제와 섞어서 만드므로 젖은 붓으로 즉시 그릴 수 있어 사용이 간편하다.

미술치료에서 한국화물감은 수채물감처럼 팔레트나 용기에 짜서 사용할 수 있는 튜브용이 쓰기에 용이하다.

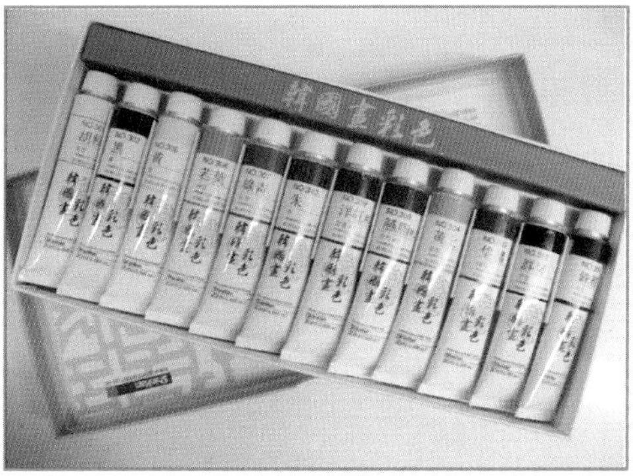

한국화물감

⑤ 풀물감

풀물감은 밀가루풀에 수채물감을 섞어서 만들 수 있다. 부드럽고 촉촉하며 유연하여 자유롭게 표현하기 좋은 매체다.

풀

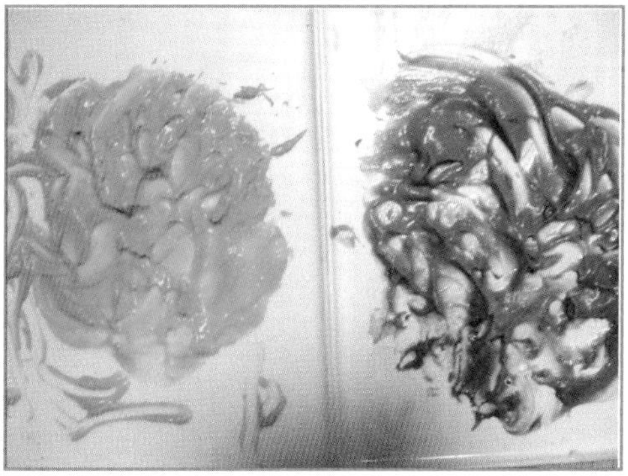

풀물감

3. 조소매체

조소매체

찰흙, 지점토, 종이죽, 컬러믹스, 컬러점토, 석고가루, 석고붕대, 타일, 비누, 양초, 다양한 목재 등

조소란 재료를 깎고 새기는 조각과 빚어서 붙여 입체형상을 만드는 소조를 말한다. 조소는 여러 가지 형태를 지닌 재료들을 3차원의 공간에 입체적으로 아름다운 형태를 표현하는 조형이다. 돌, 나무, 찰흙, 점토, 구리, 석고 등의 다양한 재료가 있으며 각각 다른 효과를 볼 수 있다.

내담자가 무엇을 만들었냐는 결과보다는 매체를 만지고 주무르고 치는 것 자체가 일종의 놀이로, 작품 못지않게 작품을 만드는 과정 또한 중요하다. 내담자에게 작품 만들기를 강요하거나 압박하기보다 안내자, 조언자로서의 역할에 중점을 두어야 한다. 치료자가 제시하는 너무 많은 조건이나 규제는 내담자의 작업을 수동적이고 흥미를 잃게 만든다. 표현활동을 격려해 주어야 하며 자유롭고 즐거운 느낌을 갖도록 해주는 것이 무엇보다 중요하다.

1) 습식매체

점토는 가소성, 유연성, 촉감성이 있는 매체로서, 성형과 제거가 쉬워 여러 번 수정할 수 있다. 이러한 특성들은 자신의 생각과 느낌을 솔직하게 표현할 수 있고 심리적 · 신체적 긴장을 이완시켜 준다. 즉 점토의 이러한 부드러운 촉감은 내담자에게 즐거움과 친근감을 주어 마음의 억압과 갈등을 해소시키는 데 도움이 된다. 점토를 치고, 두드리고, 주무르는 탐색과정에서 공격에너지가 긍정적인 방법으로 분출되므로 저항성을 가진 내담자에게 유용하게 활용될 수 있다.

그러나 점토의 질감과 물리적 특성 때문에 어떤 내담자에게는 어려움을 느끼게 할 수 있다. 치료자는 사전에 밀대와 같은 점토도구를 준비함으로써 내담자들이 물리적인 요구나 어려움 없이 표현할 수 있도록 도와준다.

조소매체는 평면적인 부조 혹은 종이에 붙여 표현하는 것부터 입체형으로 나타내기까지 다양한 표현이 가능하다. 찰흙덩어리를 치고 두드리고 주무르면서 자유로움을 느끼고 긴장을 해소할 수 있다. 다양한 모양으로의 조형을 통해 창의적인 표현이 증진되고 찰흙의 가소성으로 수정이 용이하여 내담자가 부담을 느끼지 않는다. 소(小)근육을 쓰고 손의 감각을 느낄 수 있어 아동이나 노인미술치료에 효과적이다. 손에 묻는 것을 싫어하는 내담자에게는 실시가 용이하지 않고 마른 후 갈라지거나 떨어질 수 있어 내담자에게 실망감을 주기도 한다.

(1) 찰흙

찰흙은 끈기가 있어 찰진 흙을 말한다. 개봉한 후에는 마르지 않도록 젖은 면천으로 덮어두고 사용해야 한다.

찰흙

찰흙: 강아지똥

(2) 지점토

흰색의 종이점토로 찰흙과 같은 속성을 지니고 있다. 물만으로도 접착력이 뛰어나 물을 사용하여 붙일 수 있으며, 마르고 난 뒤 떨어질 경우에는 목공풀을 사용하면 쉽게 붙는다. 손가락이나 포크, 조각칼 등을 이용해 무늬를 만들 수도 있다. 건조되면 종이처럼 가벼워지고 물감을 이용해 색채표현도 할 수 있다.

✱ 유의할 점

지점토는 오래 만지고 있으면 쉽게 건조되어 접착력이 떨어지며, 갈라지기도 한다.

> 미술치료에서 지점토는 접착력이 좋고 만들기 간편하여 아동들이 특히 좋아하는 매체다. 유리, 병, 돌, 나무 등의 다른 매체들과 함께 사용할 수 있다.

지점토

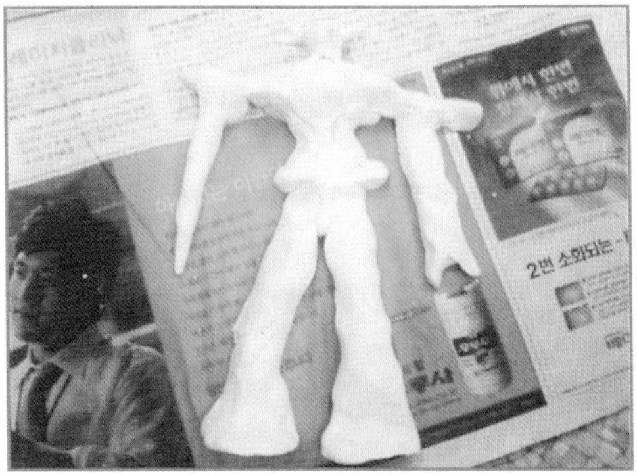
지점토: 프라 모델

(3) 종이죽

종이죽은 기존 제품으로 나와 있는 것을 사용하거나 신문지를 잘게 찢어서 물에 불려 만들어 쓸 수 있고, 건조되면 물감을 이용해 채색할 수 있다.

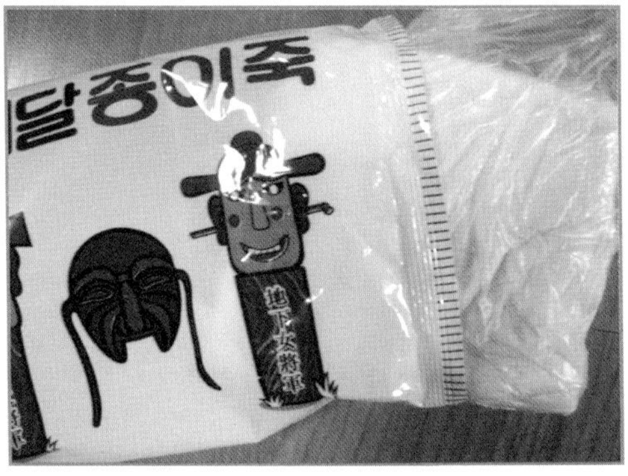

종이죽

⑷ 컬러믹스, 컬러점토, 점핑클레이

컬러믹스와 컬러점토는 찰흙과 지점토 대용으로 점토에 색이 가미되어 있어 별도로 채색을 할 필요가 없으며, 다른 색상의 점토와 혼합도 가능하다. 컬러믹스의 경우 작품을 만든 후 끓는 물에 3~5분 정도 삶으면 지우개로 사용할 수도 있다. 손으로 잘 주물러 말랑말랑하게 만들어 사용하도록 하며, 완성된 작품에 마감재를 바르면 오래 보관할 수 있다.

컬러점토

컬러믹스

⑸ 석고

① 석고가루

석고가루는 주로 물과 석고가루를 1:1의 비율로서 사용되며 굳힌 석고가루에 조각칼로 원하는 모양을 조형할 수도 있다. 건조시간이 1분 내외로 매우 짧고, 건조되면서 열이 발생한다. 다른 매체와 함께 사용할 때에는 비눗물을 바르고 작업하면 쉽게 떨어진다.

② 석고붕대

석고붕대는 인체의 부분을 그대로 본을 뜨는 순간조형 제작에 좋으며, 제작하기 쉽고 건조가 빠르며 건조 후에는 단단하게 변한다. 석고가루와 마찬 가지로 건조하면서 열이 발생되므로 피부 화상에 주의해야 한다.

석고가루

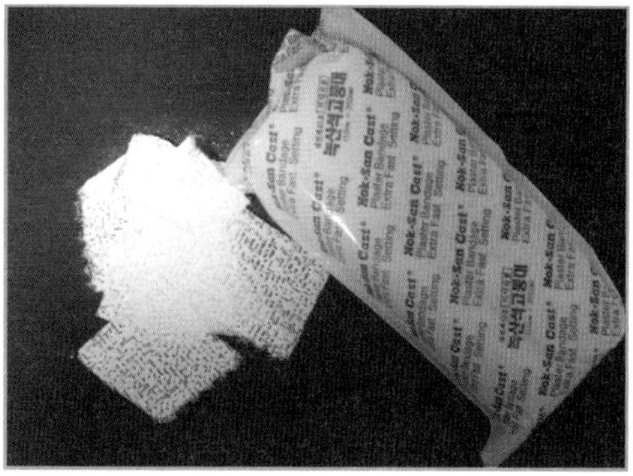

석고붕대

2) 건식매체

(1) 타일

큰 타일은 깨뜨려 나온 조각들로 표현하거나 작은 타일은 여러 가지 종류를 모아 붙여 이용할 수 있다. 흰색 타일에는 유성펜이나 아크릴물감으로 그림을 그려 표현할 수도 있다.

(2) 비누, 양초

비누는 조각하기가 쉽고 부드러워 자신이 원하는 모양으로 밑그림을 그린 후 조각칼로 파거나 깎아서 만들 수 있다.

양초는 파라핀에 크레파스를 녹인 후 섞어서 새로운 모양과 색의 양초를 만들 수 있는데, 불을 사용해야 하므로 많은 주의를 요한다. 시중에 판매되고 있는 만지락 양초는 파라핀 대용으로 왁스를 사용하여 손의 체온을 통해 자신이 원하는 모양을 만들 수 있다. 불을 사용하지 않아도 되므로 안전하며, 녹이고 굳히는 과정이 없어 작업하기에 편리하다. 다양한 색으로 구성되어 있어 시각적인 효과가 있고 접착력이 좋으며 수정이나 재활용이 가능하다.

> 비누의 경우 조각도를 써야 하므로 아동이나 충동적인 내담자가 사용할 때 다치지 않도록 주의해야 한다.
> 양초는 파라핀을 한 번 입힌 후(파라핀을 녹여 전체적으로 발라준다) 말리면 변형 없이 오래 보관할 수 있다.

공예용 양초

양초: 마스코트

(3) 다양한 목재

다양한 목재들을 미술매체로 이용할 수 있으며, 여기에는 대패 밥, 톱밥, 나뭇잎, 조각목재, 굵기가 다른 나무줄기, 솔방울 등이 있다. 근래에는 여러 가지 목재를 섞어 화방이나 문구점에서 소조용으로 판매하고 있다. 또한 서구에서 popsicle stick이라고 부르는 하드스틱(아이스크림용 막대)도 널리 이용되고 있다.

> 자연목재의 소재는 내담자에게 편안함과 친밀감을 준다. 접착제 사용에 유의해야 하며 자연물의 특성상 내담자가 원하는 다양한 형태를 갖추기가 어려워 좌절감을 줄 수도 있다.

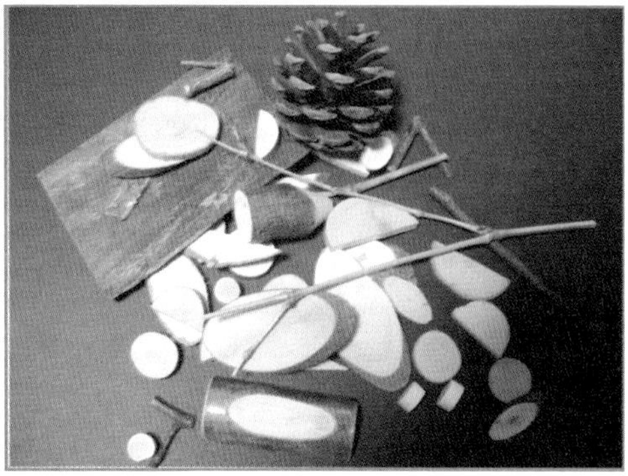

각종 목재

하드 스틱

4. 공예매체

공예매체

수수깡, 지끈, 모루, 털실, 노끈, 빵끈, 색철사, 리본끈, 색빨대, 나무젓가락, 이쑤시개, 성냥개비, 우드락, 폼포드, 부직포, 스티로폼, 스팽글, 뽕뽕이, 솜, 컬러 종이컵, 컬러 종이접시 등

공예매체는 내담자들에게 미술치료에 대한 흥미를 유발하고 창의력과 표현력 증진에 도움이 된다. 여러 가지 그리기매체와 혼합하여 작품을 만들 수 있고, 공예매체만으로도 입체적인 작품활동이 가능하다.

1) 선재

선재는 선을 표현할 수 있는 매체들로서, 구부리거나 묶거나 서로 연결하고 꼬아서 표현할 수 있다. 평면적인 표현과 입체적인 표현이 모두 가능하다.

✤ 수수깡, 지끈, 모루, 털실, 노끈, 빵끈, 색철사, 리본끈, 색빨대, 나무젓가락, 이쑤시개, 성냥개비, 우드락 등

지끈, 빵끈

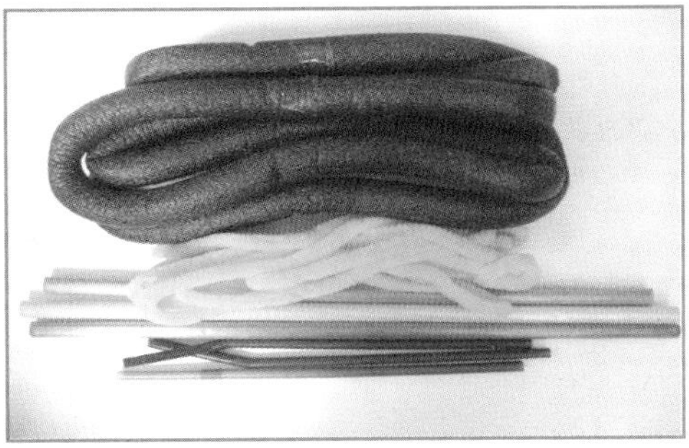
백업, 모루, 수수깡, 색빨대

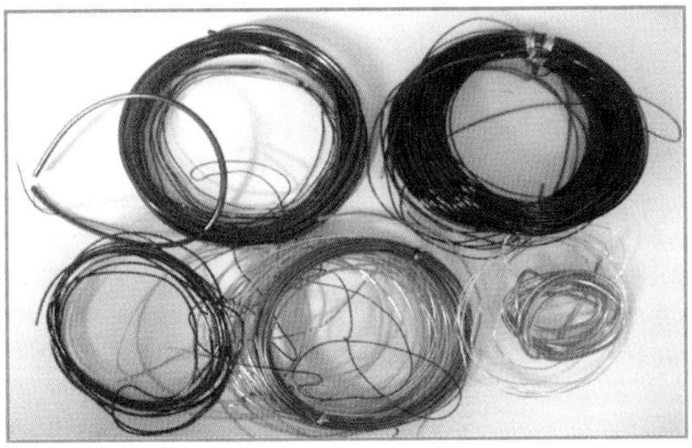
색철사

털실, 리본끈

우드락: 우물

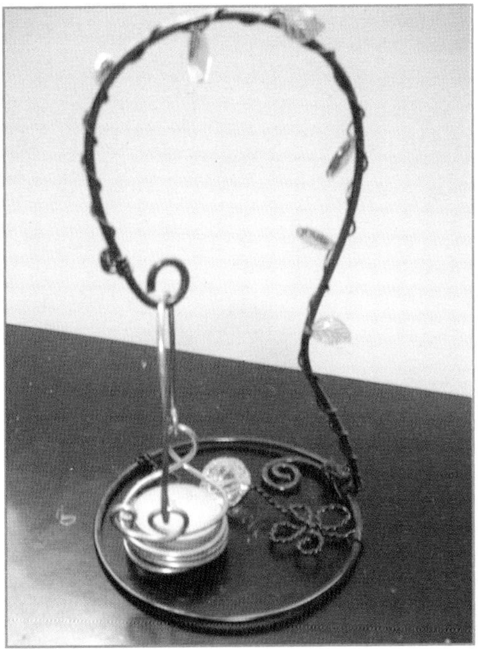
색철사: 촛대

2) 선재 외의 매체

선재 외의 매체는 선재나 다른 회화매체와 함께 사용하여 작품을 제작할 수 있다.

✤ 에바, 사포, OHP 필름, 폼포드, 부직포, 스티로폼, 스팽글, 뽕뽕이, 솜, 스티커, 컬러 종이컵, 컬러 종이접시 등

스팽글

뽕뽕이

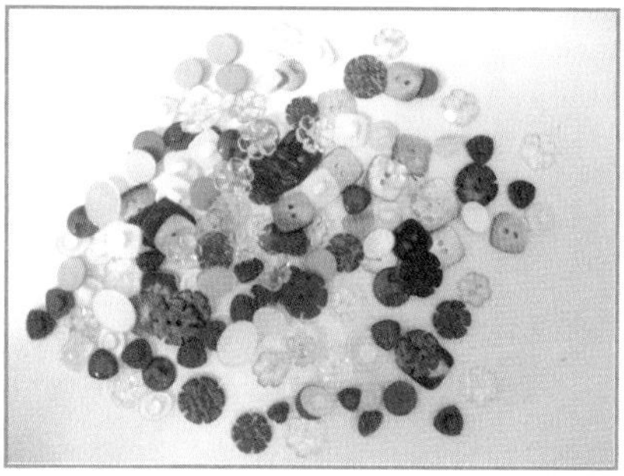
단추

스티로폼

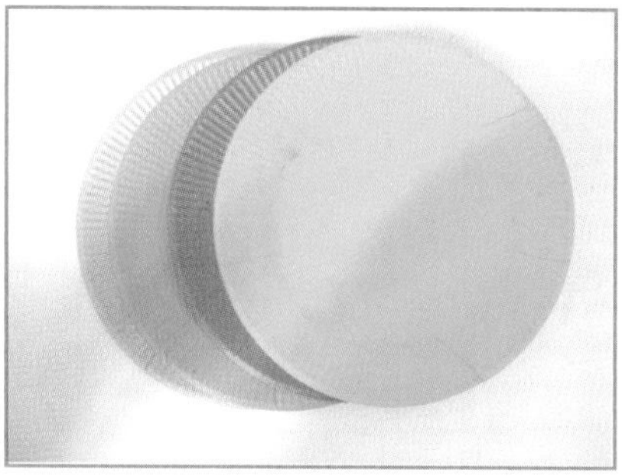
컬러 접시

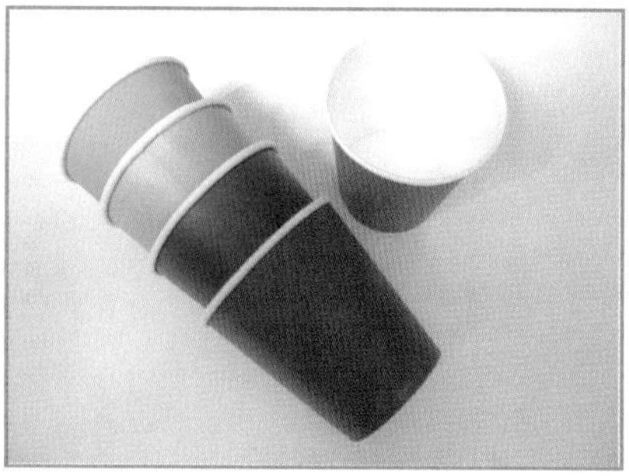
컬러 종이컵

에바

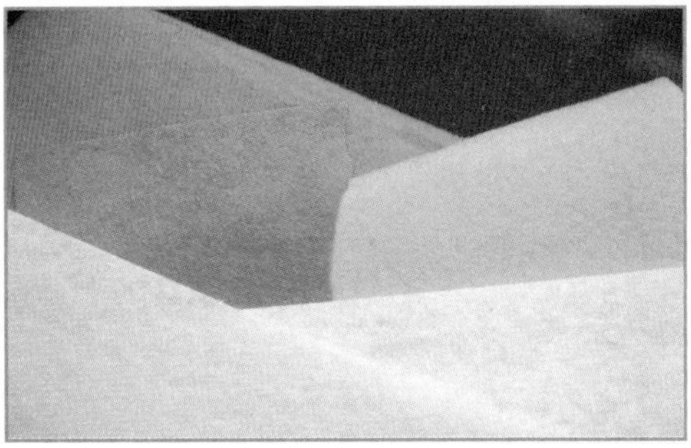

부직포

사포

5. 비정형매체

비정형매체의 종류는 다양하다. 여러 종류의 과자와 사탕, 떡, 꽃이나 식물의 잎 등을 이용해 푸드아트 세라피에 활용할 수 있고 밀가루는 식용유와 물감을 섞어 찰흙 대용의 밀가루찰흙을 만들 수 있다. 밀가루찰흙은 인체에 무해하고 손에 묻지 않지만 찰흙끼리의 접착력은 일반 찰흙보다 다소 떨어진다. 그 밖에 각종 곡물과 조개껍데기, 색모래, 면도크림도 다양하게 활용할 수 있다.

비정형매체

다양한 종류의 과자, 사탕, 떡, 꽃, 식물의 잎, 밀가루, 각종 곡물, 조개껍데기, 색모래, 면도크림 등

밀가루찰흙은 찰흙을 만드는 과정을 내담자가 직접 체험할 수 있어 더 흥미를 느낄 수 있다.
구슬에 물감을 묻혀 굴리기를 하면 손과 입의 협응력을 키워주어 치매노인이나 유아의 미술치료에 유용하다.
스티커 붙이기 또한 치매노인과 유아에게 유용하다.

자연물과 음식물을 이용한 푸드아트 세라피

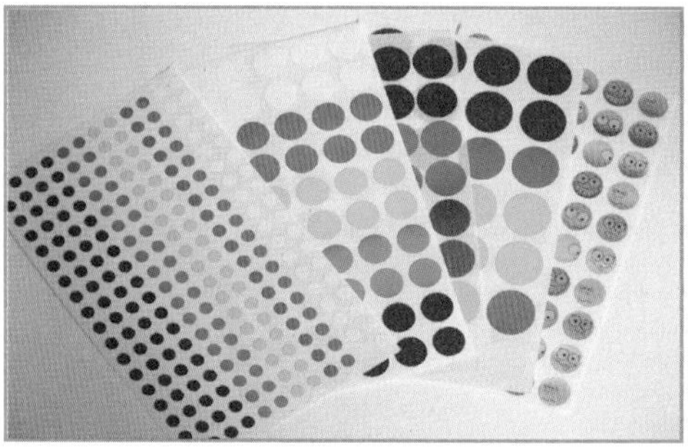

스티커

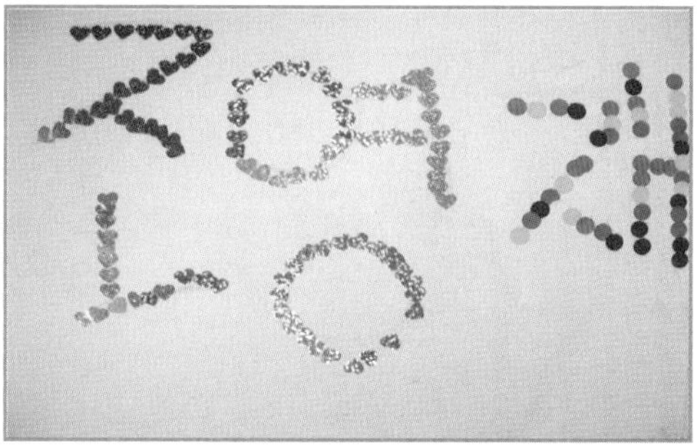

스티커: 이름 꾸미기

6. 도구

1) 붓

붓은 물감과 손끝 감각을 통해 표현하고자 하는 것을 나타내 주는 중요한 도구이다. 붓은 수채화, 아크릴, 유화, 먹물 등 습식매체 활동과 점토 조형의 채색 시에도 필요하다.

> 일반 문구점의 어린이용으로 판매되는 저가의 붓은 사용 시 털이 빠지고 물감의 흡착력이 떨어져 내담자가 활동에 의욕을 잃을 수 있으므로 전문가용 붓으로 준비하는 것이 활동을 촉진하는 데 도움이 된다.

(1) 수채화용 붓

수채화용 붓은 보통 둥근 붓으로서, 유화용 붓보다 부드럽고 자루가 길다. 물로도 쉽게 세척이 되므로 여러 개의 붓을 준비할 필요가 없다. 붓은 굵기에 따라 번호를 매기는데, 번호가 높을수록 굵은 붓이다. 가는 붓은 8~12호 중 하나, 굵은 붓은 16~20호 중 하나를 선택하여 두 개 정도를 준비하면 충분하다. 좋은 붓은 물감을 묻혔을 때 부드럽고 탄력이 강하며 끝이 갈라지지 않고 잘 닳지 않는 것이다. 붓은 자연모로 만들기 때문에 여름에 장시간 사용하지 않을 때에는 좀약을 넣어 보관하는 것이 좋다.

(2) 유화용 붓

유화용 붓은 수채화용 붓에 비해 손잡이 부분이 길고, 붓끝의 탄력이 강하며 붓의 허리 부분이 단단하다. 유화용 붓은 기름에 의해 털이 빠지거나 굽을 수 있으므로 사용과 관리에 세심한 주의가 필요하다. 종류에는 평붓, 둥근 붓, 펜붓 등이 있으며, 길이도 다양하다. 유화용 붓은 세척 통을 준비하여 기름에 씻고, 비누나 세척용 클리너를 붓에 묻혀 손바닥에 놓고 문지르거나 비벼 빤 후 물로 헹군다. 유화용 붓은 세척하기가 힘들고 하나의 붓으로 여러 색을 함께 쓸 수 없으므로 가장 많이 사용하는 중간 크기를 여러 개 준비하는 것이 좋다.

(3) 아크릴용 붓

아크릴용 붓은 별도로 제작되어 있으며 재질은 나일론이 가장 대중적으로 사용된다. 그러나 유화용 붓이나 수채화용 붓을 사용해도 무방하다. 세척 시에는 붓에 비누를 묻혀 손바닥에서 문질러 씻는다.

(4) 포스터컬러용 붓

포스터컬러용 붓은 대개 납작한 평붓으로 중간 정도의 탄력을 가진 붓이 좋다. 수채화용 붓보다는 강하고 유화용 붓보다는 부드러운 것을 사용하며 때에 따라서는 수채화용 둥근 붓을 사용해도 무방하다. 8호, 12호, 16호 정도를 구비하는 것이 좋다.

(5) 먹물용 붓

먹물용 붓은 사용 즉시 깨끗하게 세척해야 딱딱해지는 것을 방지할 수 있다. 보관할 때는 잘 씻어 붓털을 반듯하게 다듬어서 보관해 두어야 한다.

수채화용 붓

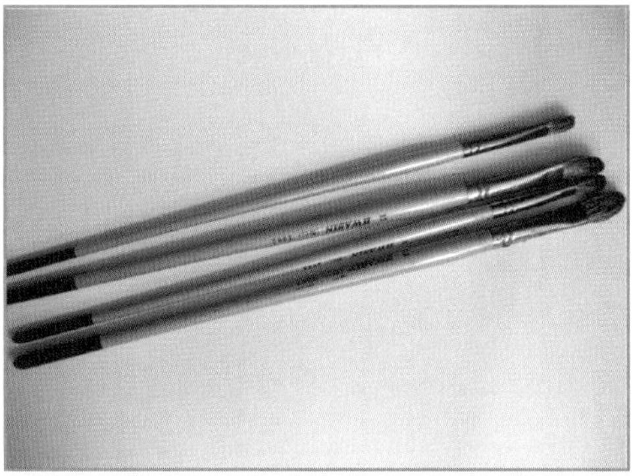

아크릴용 붓

평붓, 빽붓

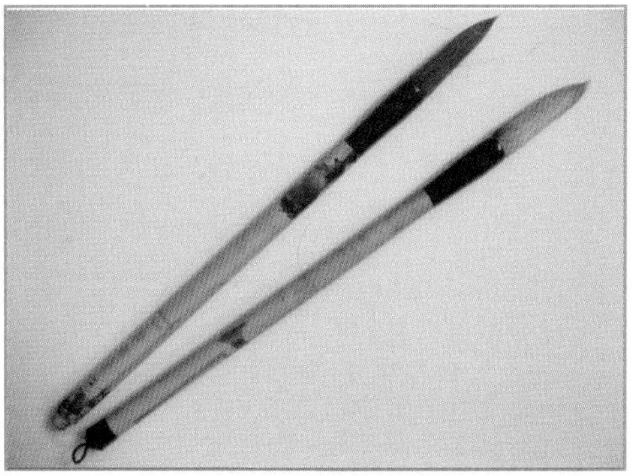
먹물용 붓

2) 팔레트

팔레트는 물감을 섞거나 엷게 풀어쓰는 데 사용되며 종이, 알루미늄, 나무, 플라스틱, 철제 등 종류가 다양하다. 팔레트가 없을 때에는 우유팩을 잘라 사용하거나 일회용 용기들을 대신 사용할 수 있다.

(1) 수채물감용 팔레트

수채물감용 팔레트는 오목하거나 칸이 있는 것이 필요한 물의 양을 첨가할 수 있고, 색들이 서로 흘러 섞이지 않도록 하여 사용하기에 편하다. 사기, 플라스틱, 금속 등 다양한 재질, 크기와 형태가 있다. 튜브형 수채물감은 난색부터 한색의 순으로 미리 충분히 짜서 말린 후 붓으로 녹여서 사용하는 것이 간편하며, 색의 선택이 자유롭고 색의 양도 적당량을 찍어 내기가 쉽다. 물감을 짜 둘 때에는 유사한 색끼리 주변에 두는 것이 색이 섞여도 색상의 변화가 적다. 보통 수채물감은 20색 정도 사용하는 것이 적당하므로 팔레트도 20칸 이상을 준비한다. 책상 위에 놓고 사용할 때에는 물감을 짜 놓은 부분이 몸의 바깥쪽으로 향하도록 놓고 사용하는 것이 물감을 찍어내거나 혼합하기에 편리하다.

(2) 아크릴물감용 팔레트

아크릴물감은 나무에 부착력이 뛰어나므로 나무 팔레트는 피해야 한다. 플라스틱이나 유리, 금속판 등을 사용하는 것이 좋고 그 외에는 사기접시나 일회용 팔레트를 쓰는 것도 편리하다. 아크릴물감은 빨리 건조되기 때문에 그림을 그리다가 잠시 쉴 때에는 팔레트에 분무기로 물을 뿌리거나 천으로 씌워 건조되는 것을 막아야 한다.

(3) 포스터컬러물감용 팔레트

포스터컬러물감은 미리 짜 놓으면 물감이 굳어 버리고 굳은 물감은 다시 사용할 수 없으므로 수채물감처럼 미리 짜 둘 필요가 없다. 수채물감처럼 물을 많이 사용하지 않으므로 칸이 많이 나누어져 있거나 오목하지 않아도 된다. 흰색 아크릴판이나 유리판을 쓰는 것이 관리하기에 좋지만, 없을 때에는 책받침을 활용해도 된다.

(4) 유화물감용 팔레트

전통적인 유화물감용 팔레트는 둥근 나무판 모양으로 엄지손가락 구멍이 있다. 나무판은 니스를 칠하면 물감 속의 오일을 흡수하는 것을 막아준다. 그 외에 플라스틱이나 알루미늄, 유리판 등을 사용할 수 있고 간편한 일회용 종이 팔레트를 사용할 수도 있다.

플라스틱 팔레트

종이 팔레트

알루미늄 팔레트

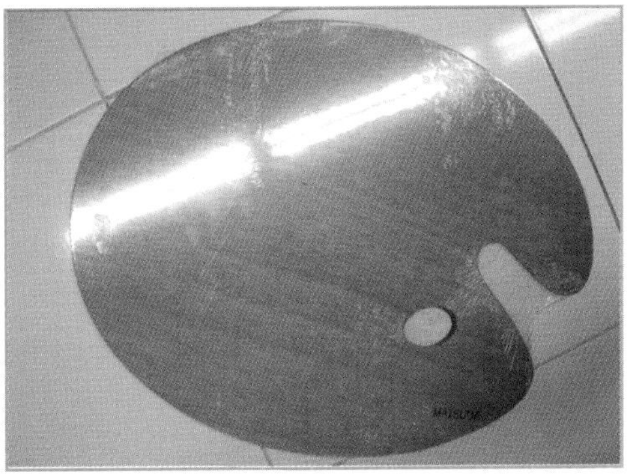
나무 팔레트

3) 물통

실내용으로는 입구가 넓은 유리병이나 플라스틱 물통을 이용하고, 야외용으로는 접을 수 있는 비닐물통이 부피를 적게 차지하며 가벼우므로 휴대하기에 좋다.

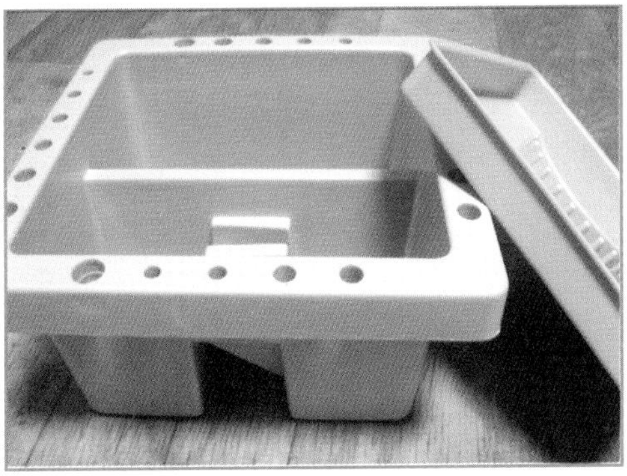
사각 물통

휴대용 물통

4) 지우개

지우개는 연필이나 잉크로 쓴 것을 수정하는 고무제품으로, 생고무에 가소제, 연화제, 안료 등을 섞어서 제조한다. 1772년에 영국의 화학자 프리스틀리(Priestly)가 발명한 이래 영국, 프랑스에서 사용되기 시작하였다. 지우개는 종이를 손상시키지 않고 지우는 연한 것과 종이의 표면을 벗겨내는 단단한 것이 있다. 연한 것은 목탄, 연필 등을 수정할 때 사용하고, 단단한 것은 타이프용이나 잉크 수정용으로 쓰인다. 목탄은 지우개 대신 수분이 어느 정도 있는 부드러운 식빵으로 지워도 된다. 4B연필처럼 무른 심의 연필은 흑연가루가 종이에 많이 묻으므로 지우개도 다소 무른 것으로 지우는 것이 좋다. 만약 파스텔이나 목탄을 딱딱한 지우개로 지우게 되면 가루가 지우개에 묻어 다시 화지에 옮겨지면서 더럽혀지는 현상이 생긴다.

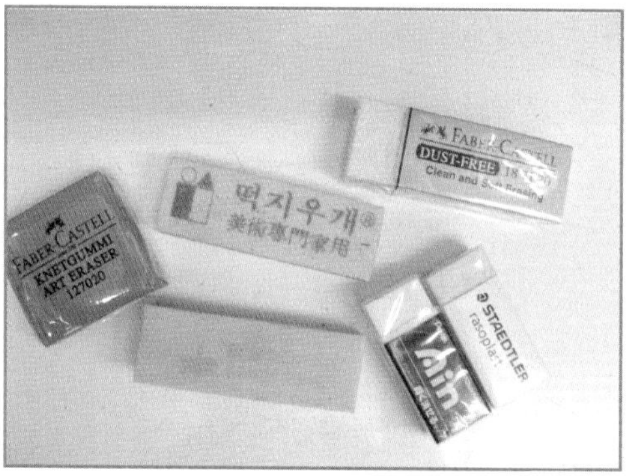

각종 지우개

5) 풀

풀은 종이류나 물건을 맞붙이거나 접합할 때 사용한다. 근래에는 풀 외에도 다양한 접착제가 조형과 공작에 사용되고 있다. 미술치료에서는 주로 딱풀이나 목공풀이 많이 쓰인다.

① 목공풀

목공풀은 딱풀이 잘 붙지 않는 나무나 두꺼운 종이, 천, 가죽 등의 접착에 용이하며 하얀 고형으로 되어 있고, 마르면 투명해진다. 목공풀은 사용하거나 보관할 때 눕혀 놓아야 굳지 않는다.

② 딱풀

딱풀은 고체 형태로 되어 있어 누구나 쉽게 사용할 수 있으며, 잘못 붙였을 때는 금방 떼어내서 다시 붙일 수도 있다. 안전하고 깨끗하며 묻었을 때 수성이라 잘 씻어진다는 장점이 있다.

③ 물풀

물풀은 액체 형태이며 사용하다가 오래 놔두면 스펀지 부분이 굳어버리기도 한다. 양을 조절하지 못하면 종이가 젖어 우글쭈글해지기도 하여 깔끔하게 붙여지지 않는다는 단점이 있다.

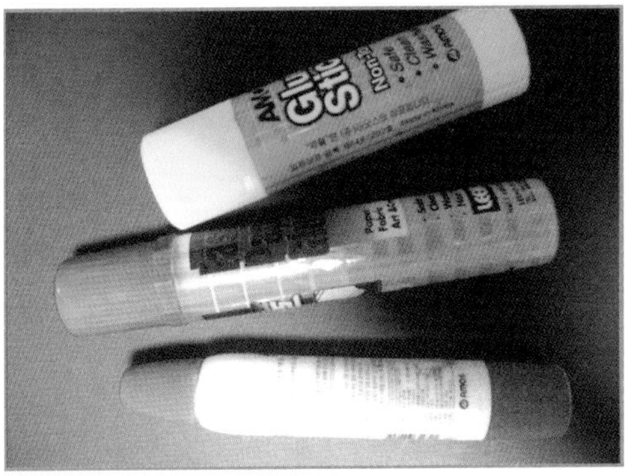

각종 풀

6) 접착제

① 글루건

글루건은 총처럼 생긴 형태에 고형 고무심을 넣어 녹이면서 사용하는 접착제의 일종으로, 뜨겁기 때문에 사용 시 화상에 주의해야 한다. 목공풀이나 딱풀 등으로 붙지 않는 금속이나 두꺼운 나무, 비즈 등을 접착할 때 용이하다. 작은 부분까지 섬세하고 깔끔하게 접착할 수 있다는 장점이 있다.

② 목공용 본드

목공용 본드는 접착면이 유연하여 충격에 잘 견디지만 독성이 강하고 환각성이 있으므로 사용할 때 반드시 환기시킨다. 접착한 곳이 쉽게 떨어지지 않으며, 접착제가 묻은 곳은 지저분해지기 쉽다.

③ 순간접착제

순간접착제는 독성이 있어 피부에 닿거나 냄새를 맡지 않도록 각별히 주의해야 한다. 한꺼번에 많은 양을 쓰면 접착이 잘 되지 않으며 사용 후에는 보관에 유의한다.

> 전기 글루건은 매우 뜨거워 화상의 위험이 있고 다루기가 쉽지 않아 내담자보다는 치료자가 사용하는 것이 좋다.

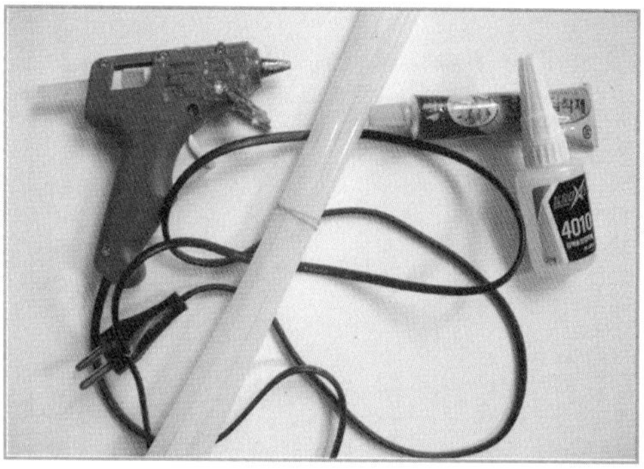

접착제

7) 테이프

양면테이프, 투명테이프, 불투명테이프, 종이테이프, 색테이프 등 종류와 기능에 따라 접착용으로 사용하거나 작품 표현 등에 다양하게 활용할 수 있다.

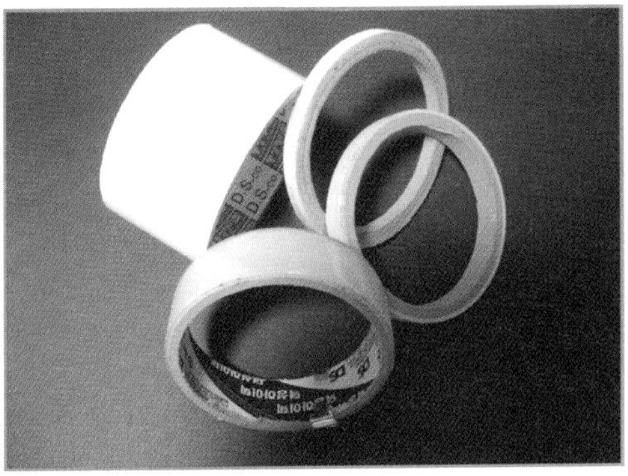

각종 테이프

색테이프

8) 가위

① 일반 가위

가위는 종이나 작은 나무토막, 천 등을 자르는 데 사용하며, 제도가위와 형겊용 가위로 나뉜다.

> 불안정하거나 어린 내담자에게는 끝이 뾰족하거나 큰 가위보다는 다소 날이 둔탁하고 작은 것을 주는 것이 덜 위험하다.

② 핑킹가위

핑킹가위는 지그재그의 날을 가진 가위로 물결 모양과 뾰족한 모양의 두 가지 종류가 있다. 핑킹가위는 의상디자인의 제도에서는 올이 풀리지 않도록 하기 위한 용도로 쓰이지만, 미술활동에서는 모양을 내기 위한 용도로 사용한다.

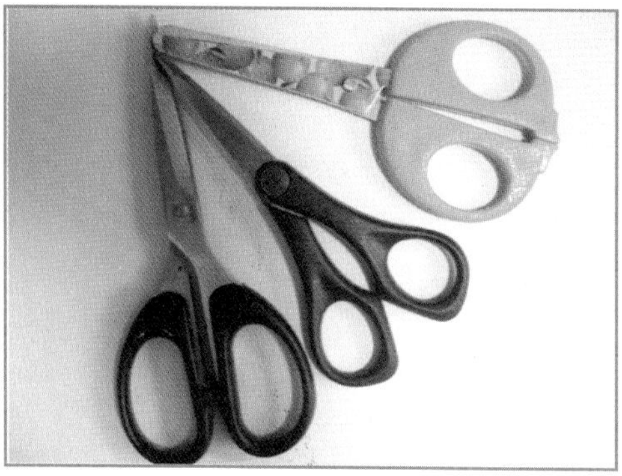

가위

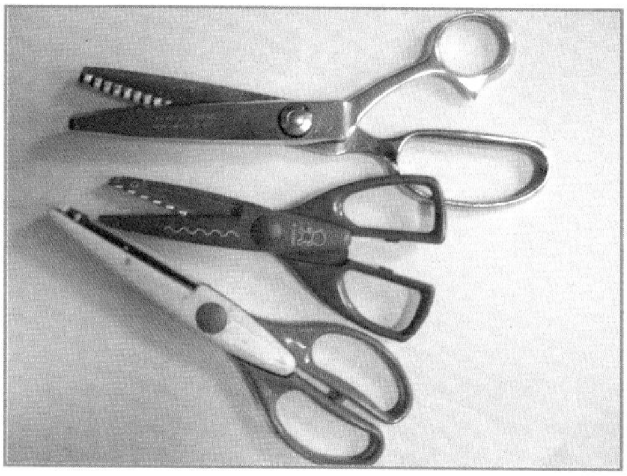

핑킹가위

9) 칼

칼은 매체를 자르거나 깎는 데 사용하는 도구다. 제도용 칼은 다양한 크기로 나뉜다. 칼을 책상 위에서 사용할 때는 고무매트를 깔고 하는 것이 좋다. 판화 제작에는 조각칼을, 찰흙이나 지점토, 컬러믹스를 사용할 때는 점토용 플라스틱 조각칼을 사용한다.

칼은 신체적 위험을 가할 수 있는 도구이므로 사용에 있어 특별히 더 주의를 기울여야 한다.

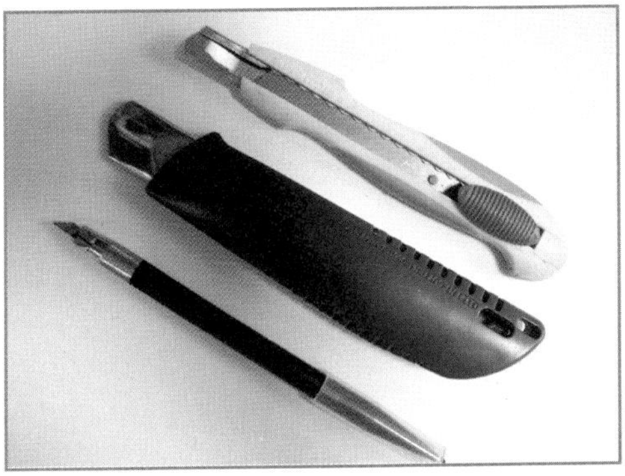

칼

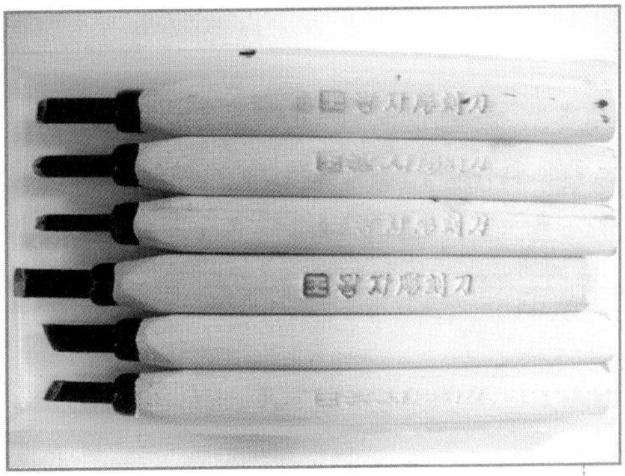

조각칼

10) 기타

- 스펀지는 물감을 묻혀 찍어서 풍부하고 거친 질감을 표현할 수 있다.
- 나이프는 물감을 덜어내는 데 쓰이기도 하고, 물감을 떠서 종이에 바르게 되면 붓을 이용하여 그리는 것과는 달리 대범하고 거친 느낌을 표현할 수 있다.
- 펀치는 색종이나 색지 등에 펀칭을 가해 나온 종이들을 재구성하여 표현할 수 있다.
- 픽사티브 스프레이는 목탄화나 파스텔화의 보존에 필요하다. 조소재료의 마감제로는 유광 · 무광 · 반광 바니시를 사용한다.
- 그 밖에 자, 다양한 틀, 스테이플러, 수건, 롤러, 커팅 매트, 점토 자르는 줄칼, 낚시줄 등도 도구로 쓰인다.

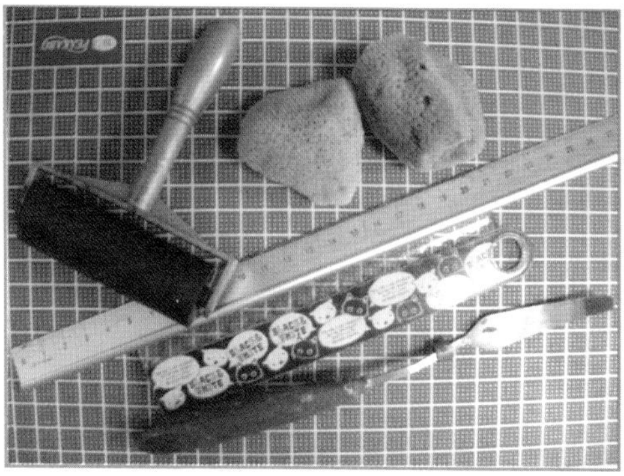

기타 도구들

바니시

다양한 모양의 펀치

픽사티브 스프레이

표 2-2 매체의 종류와 특성

종류		특성
종이류	신문용지	신문지나 잡지, 서적 인쇄물에 쓰이는 종이로, 미술치료에서 내담자가 부담없이 표현할 수 있다.
	도화지	수분의 흡수와 번짐이 그림 그리기에 적당하여 크레파스나 수채화 표현에 적합하다. 켄트지, 와트만지 등이 있다.
	아트지	종이의 한 면 혹은 양 면이 윤이 나도록 만든 종이로, 인쇄효과가 뛰어나다. 팸플릿이나 카탈로그, 달력 제작에 쓰인다.
	포장용지	일반 소포포장지로 쓰이는 크라프트지와 고급 포장지로 쓰이는 모조지, 유산지 등이 있다.
	백판지	여러 종류의 종이가 겹쳐진 것으로, 화장품이나 약품 등의 작은 상자 제조에 쓰인다.
	골판지	두 장의 판지 사이에 골심지가 들어 있는 형태로 다양한 색과 크기가 있어 활용하기에 용이하다.
	화선지	동양화에 주로 사용하고, 번짐 효과가 잘 나타나는 반면 쉽게 찢어진다.
	장지	화선지를 겹쳐서 만든 것으로, 화선지보다 흡수력은 떨어지나 쉽게 찢어지지 않는다.
	창호지	누르스름하며 얇고 보존성이 뛰어나다.
	색한지	활용하기 쉽도록 다양한 색상과 크기로 나와 있다.
	기타	타공지, 마분지, 하드보드지, 트레싱지, 셀로판지, 사포, OHP 필름, 다양한 천 등의 매체에 그림을 그릴 수 있다.
회화매체	연필	세밀한 표현과 수정이 가능하고 누구나 쉽게 사용할 수 있다.
	색연필	크레파스보다 덜 번지면서도 더 섬세한 표현이 가능하나 강한 색의 표현은 어렵다.
	사인펜, 매직, 마커	지울 수 없어 수정이 어려우며 진하여 명암을 표현하기 힘들다. 수성사인펜의 경우 물이 닿으면 번짐의 효과가 있다.
	크레파스, 크레용	다양한 표현이 가능하고 사용하기가 간편하다.
	파스텔	색상이 화려하고 부드러우며 다루기 쉽다.
	수채물감	뿌리기, 찍기, 번지기, 겹치기 등의 다양한 표현이 가능하며 맑고 은은한 느낌을 주고 넓은 면의 채색이 용이하다.
	유화물감	발색이 뛰어나고 두껍게 채색할 수 있어 입체감 표현이 가능하다.

회화매체	아크릴 물감	속성건조하며 불투명한 수용성으로 혼색이 자유롭고 색상이 선명하며 두께감이 있어 독특한 재질감을 표현할 수 있다.
	포스터 컬러물감	물로 색상을 고르게 표현할 수 있고, 색상이 선명하다.
	기타	콩테, 목탄, 템페라물감, 먹물, 잉크, 마블링물감, 스테인드글라스물감, 한국화물감, 파스넷, 염색용 물감, 페이스페인팅물감, 불어펜, 풀물감 등
조소매체	찰흙	끈기가 있는 찰진 흙으로, 가소성과 유연성이 뛰어나다.
	지점토	흰색의 종이점토로 물로도 접착력이 뛰어나고 색채 표현이 가능하다.
	컬러믹스	채색을 따로 할 필요 없고, 색이 다른 점토끼리 혼합도 가능하다.
	종이죽	기존 제품이나 신문지를 잘게 찢어 물에 불려 사용할 수 있다.
	기타	석고, 다양한 목재, 비누, 양초 등
공예매체	수수깡, 우드락, 폼포드, 스티로폼, 스팽글, 뽕뽕이, 지끈, 모루, 털실, 노끈, 빵끈, 색철사, 리본끈, 색빨대, 컬러 종이컵, 일회용 컬러접시, 에바, 부직포 등	
비정형 매체	밀가루, 곡물류, 색모래, 면도크림 등	
도구	붓	채색도구로 사용 용도에 따라 둥근 붓, 평붓, 빽붓, 먹물용 붓 등으로 나뉜다.
	팔레트	물감을 덜어 쓰거나 섞어 쓰는 도구이며 종류로는 종이, 알루미늄, 나무, 플라스틱, 사기 등이 있다.
	기타	물통, 지우개, 자, 칼, 가위, 풀, 접착제, 픽사티브 스프레이, 테이프, 펀치, 스펀지, 나이프, 줄칼, 낚시줄, 커팅매트, 바니시 등

Chapter 3

매체를 활용한 미술치료 실습

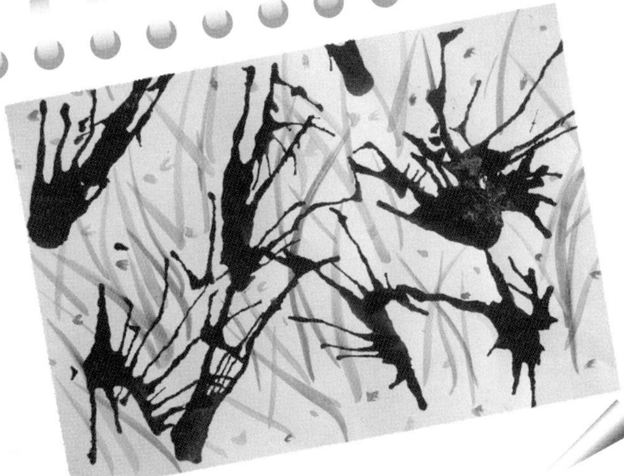

1. 매체별 미술치료

실습 1: 연필로 작업하기

✣ 수묵화 그리기

(1) 매체

다양한 색상과 크기의 도화지, 연필가루, 붓, 물통

(2) 목표

- 자연스러운 묘사력과 부드러움을 표현할 수 있다.
- 내담자의 현재 감정과 느낌을 탐색할 수 있다.

(3) 진행방법

① 연필가루는 치료자가 미리 사포나 칼로 갈아서 준비해 둔다.
아동들의 경우 치료자와 함께 연필가루를 내는 것도 활동에 흥미를 일으키기에 좋다.

② 붓이나 손가락에 물을 묻혀 연필가루를 찍어 그림을 그리며 연습해 본다.

③ 무엇을 그릴 것인지 생각할 시간을 가진 후 표현해 본다.

④ 물과 연필가루의 농도에 따라 진하고 연함을 표현할 수 있다.

⑤ 표현한 작품에 제목을 붙여 본다.

(4) 유의점

- 연필가루는 넉넉히 준비하도록 한다.
- 매체가 무채색인 점을 고려하여 화지는 다양한 색상을 준비하여 내담자

가 선택하도록 한다.

상담Tip

- 그림을 그리는 동안의 느낌을 나눈다.
- 내담자가 작품에 표현한 것이 무엇인지를 이야기 나눈다.

연필: 휴가

실습 2: 크레파스로 작업하기

✤ 내 인생의 중요한 사람에게 편지쓰기

(1) 매체

색지, 다양한 그리기 매체(크레파스, 사인펜, 색연필, 파스텔, 물감 등), 마분지, 가위

(2) 목표

• 내담자의 인생에서 중요하고 의미있는 대상에 대해 탐색한다.
• 내담자의 대인관계 양상을 파악한다.

(3) 진행방법

① 마분지를 8등분으로 자른다.
② 자른 마분지를 반으로 접고 중심으로부터 원하는 모양을 반쪽만 그려 오린다.
③ 잘린 부분의 가장자리에 크레파스를 칠한 후 색지에 문질러 스텐실 효과를 낸다.
④ 다른 모양들도 같은 방법으로 색지를 꾸며준다.
⑤ 자신의 인생에서 가장 중요한 사람을 떠올려 본다.
⑥ 꾸며진 색지에 떠올린 대상에게 편지를 쓴다.

(4) 유의점

• 치료자는 스텐실기법을 미리 숙지하고 내담자에게 방법을 제시해 줄 수 있어야 한다.
• 다양한 색상의 색지를 준비하면, 내담자가 선택할 수 있다.

상담Tip

- 누구에게 어떤 편지를 썼는지, 편지를 받을 대상이 내담자에게 어떤 의미인지에 대해 이야기 나눈다.
- 편지를 쓰고 난 후의 느낌과 감정에 대해서 이야기 나눈다.
- 편지를 쓰는 대상이 꼭 긍정적인 대상이 아니어도 된다.

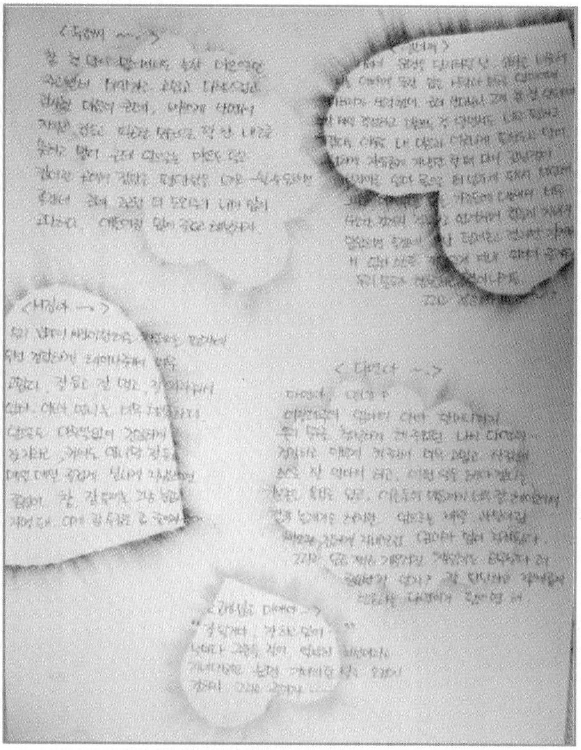

크레파스: 가족에게 편지쓰기

실습 3: 아크릴물감으로 작업하기

✤ 내 마음속의 소용돌이

(1) 매체

8절 도화지, 아크릴물감, 평붓, 넓은 접시나 플라스틱 팔레트, 물통

(2) 목표

- 분노를 느끼게 하는 것이 무엇인지 탐색한다.
- 분노를 현명하게 풀어낼 수 있는 방법을 탐색한다.

(3) 진행방법

① 자신이 경험한 분노에 대해 이야기 나눈다.
② 아크릴물감 중 분노를 표현하기 적당한 몇 가지 색을 선택한다.
③ 선택한 색상들을 팔레트에 풀어준다.
④ 넓은 붓 끝에 물감을 살짝 묻힌다.
⑤ 화지 위에 붓을 세게 누른 다음 돌려서 소용돌이 모양을 만든다.
⑥ 화지에 마음속의 분노를 소용돌이 모양으로 표현한다.
⑦ 내담자가 원하면 작품을 여러 장 만들어 보도록 한다.
⑧ 표현한 작품에 제목을 붙여 본다.

(4) 유의점

- 아크릴물감은 옷에 묻으면 잘 지워지지 않으므로 예민한 내담자나 아동 및 유아 등에 사용할 때는 각별히 주의해야 한다.
- 아크릴물감은 빨리 마르고 한 번 마르면 다시 쓸 수 없으므로 주의해서 사용한다.

상담Tip

- 언제 분노를 느끼는지, 분노를 느낄 때 어떤 행동을 하는지 이야기 나눈다.
- 아크릴물감은 입체적 표현이 가능하며 소용돌이의 느낌을 잘 나타낼 수 있으므로 내담자에게 그 효과를 극대화할 수 있다.
- 치료자는 내담자에게 분노를 표현하는 것에 죄책감을 느끼지 않아도 됨을 알려주고, 충분히 감정을 표현하여 카타르시스를 느낄 수 있도록 도와준다.
- 작업한 것을 언어로 표현하는 것이 어려운 내담자에게는 활동할 때의 느낌을 다루어 준다.

아크릴물감: 회오리바람

실습 4: 수채물감으로 작업하기

✤ 물감 번지기

(1) 매체

8절 도화지, 수채물감, 물, 스펀지, 붓, 신문지

(2) 목표

- 정서적 이완을 돕는다.
- 내담자의 심리적 문제나 갈등을 파악한다.

(3) 진행방법

① 책상 위에 신문지를 깔고 도화지를 올려놓는다.
② 스펀지에 물을 적셔 종이 전체에 골고루 바른다.
③ 앞면이 다 마르고 나면 종이의 뒷면에도 물을 바른다.
④ 팔레트에 몇 가지 좋아하는 색의 물감을 짜 놓는다.
⑤ 붓에 물을 충분히 적신 다음, 원하는 색을 붓에 골고루 묻혀 화지의 군데군데 칠한다.
⑥ 화면 전체에 모두 칠하지 않도록 유의한다.
⑦ 3~4가지 정도의 색으로 표현한 뒤 퍼진 문양을 보고 이미지를 떠올려 본다.
⑧ 작품에 제목을 붙여 본다.

(4) 유의점

- 물을 너무 많이 적셔서 종이가 찢어지지 않도록 주의한다.

상담Tip

- 젖은 종이에 물감이 번지는 모양(마티에르)을 보면서 느껴지는 내담자의 정서를 탐색할 수 있다.
- 연상되는 이미지는 무엇이며 그것이 현재 내담자의 삶에서 어떠한 영향을 미치는지 이야기 나눈다.

(5) 활용

화선지 물들이기

- 플라스틱 접시에 물과 물감을 넉넉히 풀어 놓고, 화선지를 접어 물감을 스며들게 한다.
- 2~3가지 색을 스며들게 하여 나타나는 문양을 보고 떠오르는 이미지에 제목을 붙인다.

수채물감: 우주선

실습 5: 색연필로 작업하기

✤ 협동화 그리기

(1) 매체

사포, 우드락, 켄트지, 하드보드지, 유성색연필, 수성색연필, 크레파스, 붓, 물통

(2) 목표

- 집단원 간의 협동 작업을 통해 사회성을 증진시킨다.
- 집단활동을 통해 의사소통과 문제해결 능력을 키운다.

(3) 진행방법

① 다양한 그리기 매체를 사용하여 화지에 그려보고 어떤 느낌이 드는지 이야기 나눈다.
② 집단원들이 의논하여 주제를 정한다.
③ 다양한 화지(사포, 우드락, 켄트지, 하드보드지)를 집단원의 수만큼 나누어 준다.
④ 밑그림을 그리고, 그리기 매체를 선택한다.
⑤ 수성색연필의 경우 색을 칠하고 난 뒤 붓에 물을 묻혀 채색한다.
⑥ 표현한 작품에 제목을 붙여 본다.

(4) 유의점

- 색연필은 심이 물러서 부러지기 쉬우므로 연필깎이보다는 칼을 이용하는 것이 좋다.
- 색연필은 부러지기 쉬워 충동조절이 안 되는 아동들의 경우 좌절감을

심어줄 수 있다.

상담Tip

- 어떤 주제를 선택할 것인지, 어떤 매체를 어느 집단원이 사용할 것인지에 대한 의논을 하게 함으로써 집단원 간의 의사소통과 문제해결 능력을 키운다.
- 활동이 끝난 후 작업과정이 각자에게 어떠한 영향을 끼쳤는지에 대해 이야기 나눈다.
- 만들어진 작품을 보고 느낀 점을 이야기 나눈다.

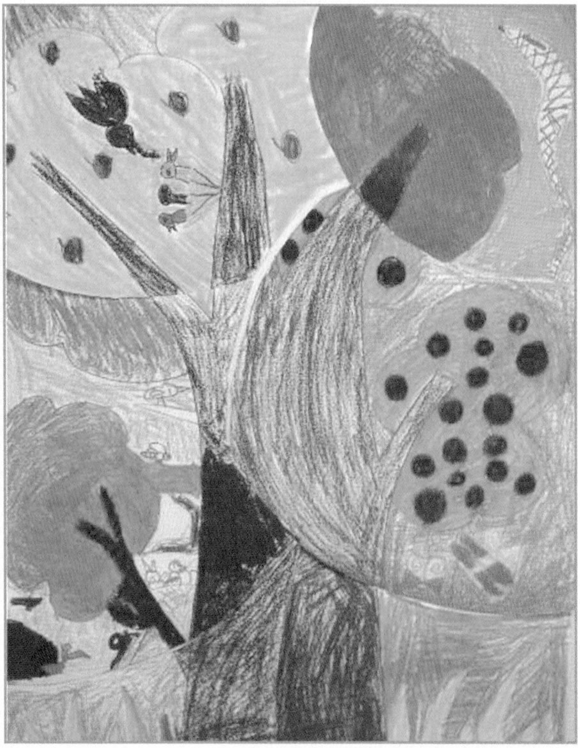

색연필: 나무

실습 6: 사인펜으로 작업하기

✤ 감정선 표현하기

(1) 매체

8절 도화지, 사인펜, 아세톤, 연필, 지우개, 붓

(2) 목표

- 내담자의 정서적 이완을 돕는다.
- 내담자가 현재 느끼는 감정에 대한 인식과 탐색을 돕는다.

(3) 진행방법

① 사인펜의 사용 용도에 대해 이야기 나누며 긴장을 완화한다.
② 수성사인펜으로 자신이 현재 느끼고 있는 감정을 도형이나 선으로 그려 표현한다.
③ 전체적으로 채색이 필요한 부분은 채색한다.
④ 붓에 아세톤을 묻히고 채색한 부분에 떨어뜨린다.
⑤ 아세톤에 의해 수성사인펜이 밀려서 번지는 효과를 볼 수 있다.
⑥ 표현한 작품에 제목을 붙여 본다.

(4) 유의점

- 아세톤은 특유의 향이 있기 때문에 작업 시 반드시 환기를 시켜야 한다.

상담Tip

- 완성한 후 계획한 선과 우연히 나타난 무늬에서 연상되는 느낌을 나누도록 한다.
- 처음 의도한 그림내용과 현재 작품이 어떻게 다른지 탐색한다.
- 현재 자신의 감정이 작품을 통해 어떻게 형상화되었는지에 대해 이야기 나눈다.

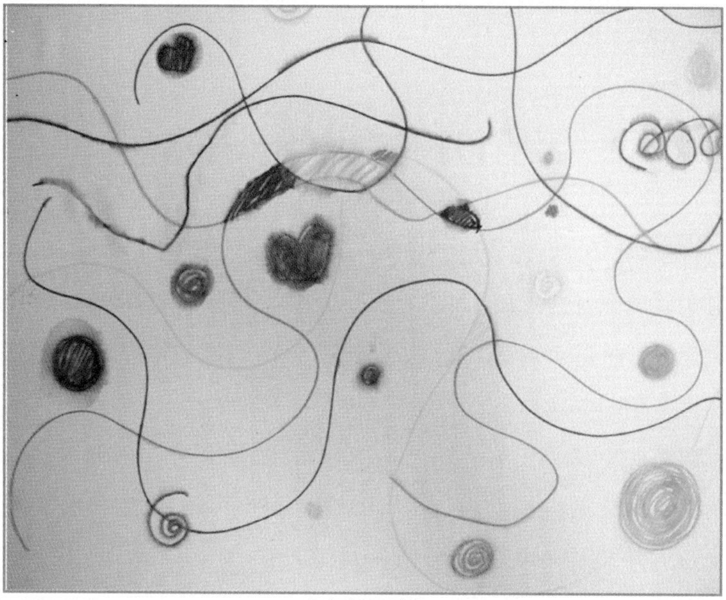

사인펜: 즐거움

실습 7: 마블링물감으로 작업하기

✤ 감정의 물결 표현하기

(1) 매체

8절 도화지, 마블링물감, 나무막대, 넓은 대야, 크레파스, 가위, 풀

(2) 목표

• 연상되는 것을 통해 내담자의 내면을 탐색한다.
• 창의력과 표현력을 증진시킨다.

(3) 진행방법

① 넓은 대야에 물을 1/3 정도 담아 준비한다.
② 마블링물감 2～3가지 색상을 선택하여 물이 담긴 대야에 푼다.
③ 이때 보색대비를 이용하면 색상이 좀 더 화려하고 선명해 보인다.
④ 나무막대를 이용하여 물감이 잘 섞이도록 젓는다. 너무 많이 저으면 모양이 잘 떠지지 않는다.
⑤ 종이를 물 위에 얹어 물감을 뜬다. 너무 두꺼운 종이는 마블링이 잘 떠지지 않으므로 피하는 것이 좋다.
⑥ 마블링을 이용하여 자신의 심상을 표현한다. 다른 화지에 그림을 그리고, 마블링을 오려 붙여 표현할 수도 있다.
⑦ 표현한 작품에 제목을 붙여 본다.

(4) 유의점

• 마블링물감은 유성물감이므로 옷에 묻었을 때는 벤젠이나 시너로 닦아야 한다.

- 마블링은 건조시간이 길어 한 회기에 작품으로 완성하기 힘들다.
- 전(前) 회기 활동의 말미에 마블링을 떠놓고 다음 회기에 작품활동을 하는 것이 용이하다.

상담Tip

- 마블링을 보면서 자신의 어떤 감정과 닮아 있는지 탐색하게 한 후 그것을 느끼는 상황에 대해 이야기 나눈다.
- 감정을 긍정적으로 표현하는 방법에 대해 이야기 나눈다.

(5) 활용

연필꽂이 만들기

- 마블링을 뜬 도화지를 우유팩에 붙여 연필꽂이를 만들 수 있다.

마블링물감: 봄동산

마블링 연필꽂이

실습 8: 스테인드글라스물감으로 작업하기

✤ 만다라 액자 만들기

(1) 매체

OHP 필름, 만다라 문양지, 스테인드글라스물감, 쿠킹호일, 테이프, 면봉

(2) 목표

- 내담자의 심리적 안정을 돕고 집중력을 높인다.
- 작품의 완성을 통해 성취감을 느낄 수 있다.

(3) 진행방법

① 주변에서 볼 수 있는 스테인드글라스 유리그림들에 대해 이야기 나누고, 스테인드글라스물감의 특징에 대해 알려 준다.
② 만다라 문양지 중 마음에 드는 것을 하나 선택하도록 한다.
③ 문양지를 깔고, 그 위에 OHP 필름지를 고정시킨다.
④ 고정된 필름지 위에 비추어진 밑그림의 선을 따라 검정색 스테인드글라스물감으로 그린다.
⑤ 검정색 스테인드글라스물감이 마르면 다양한 유채색 스테인드글라스물감으로 면을 채운다.
⑥ 완성한 필름지에 쿠킹호일을 덧대고 고정시킨다.
⑦ 가장자리에 띠 골판지를 둘러 액자 테두리를 만든다.
⑧ 만다라 문양에서 연상되는 이미지로 제목을 붙여 본다.

(4) 유의점

- 유채색 스테인드글라스물감으로 면을 채색 시 면봉을 이용하면 전체적으로 균일하게 칠해진다.

상담Tip

• 완성된 작품을 보고 어떠한 이미지가 떠올랐는지에 대해 이야기 나눈다.
• 만다라 문양에 나타난 자신의 감정을 탐색해 보고 이야기 나눈다.

스테인드글라스물감: 꿈

실습 9: 불어펜으로 작업하기

✤ 불어서 표현하기

(1) 매체

다양한 색의 화지, 불어펜

(2) 목표

• 내담자의 충동조절 능력을 강화하며 집중력을 높인다.

(3) 진행방법

① 우선 치료자가 불어펜의 사용법에 대해 시범을 보인다.

② 화지에 불어펜으로 불어서 자유롭게 그림을 그린다.

③ 표현한 작품을 보고 떠오르는 이미지를 생각한 뒤 제목을 붙여 본다.

(4) 유의점

• 화지에 너무 가까이 불면 물감이 번지므로 적당한 거리를 두어야 한다.
• 치료자는 먼저 불어펜을 조립하고 사용해 보도록 하여 활용도를 익혀 놓는다.

상담Tip

• 과잉행동아동에게 사용 시 집중력을 증진시킬 수 있다.
• 손으로 그렸을 때와 입으로 불어서 그렸을 때의 차이점에 대해 이야기 나눈다.
• 작품을 보고 느끼는 감정이나 떠오르는 이미지에 대해 이야기 나눈다.

(5) 활용

불어펜 스텐실

• 스텐실 본을 이용하거나 각자가 창작한 도형이나 다른 문양들로 표현할 수 있다.

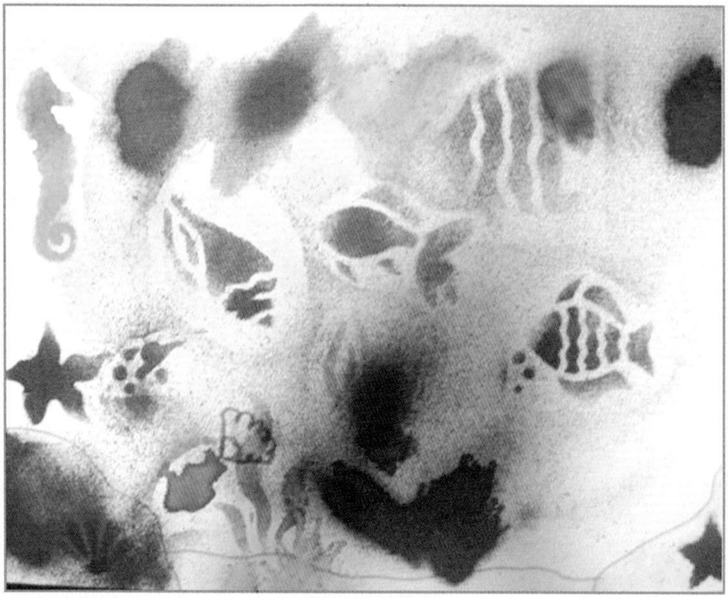

불어펜: 물고기 나라

실습 10 : 먹물로 작업하기

✤ 먹물 뿌리기

(1) 매체

8절 도화지, 먹물, 붓, 한국화물감, 종이컵, 신문지

(2) 목표

• 긴장을 완화시켜 스트레스 해소에 도움을 준다.

(3) 진행방법

① 바닥에 신문지를 넓게 깔고 8절 도화지를 놓는다.

② 종이컵에 먹물을 붓고, 붓에 먹물을 적셔 화지에 뿌린다.

③ 여러 방향으로 뿌려 우연의 선을 만든다.

④ 선에서 찾아지는 이미지를 한국화물감으로 채색한다.

⑤ 표현한 작품을 보고 연상되는 이미지로 제목을 붙여 본다.

(4) 유의점

• 내담자가 먹물이 옷에 묻는 것을 염려해 활동이 위축되지 않도록 하기 위해서는 앞치마나 덧소매를 착용하게 한다.

상담Tip

• 결정에 대한 두려움이 있는 내담자에게는 색을 선택하지 않아도 되므로 편안함과 안정감을 준다.
• 우연이 가져다 준 이미지가 현재 내담자에게 어떠한 영향을 주는지 이야기 나눈다.
• 긍정적인 영향과 부정적인 영향에 대해 탐색한다.

(5) 활용

먹물 불기

• 화지 위에 먹물을 떨어뜨리고 불어서 공간을 만든다.

• 만들어진 공간에 한국화물감으로 채색한다.

먹물 뿌리기: 비상

실습 11 : 지점토로 작업하기

✤ 내 모습 꾸미기

(1) 매체

지점토, 음료수 유리병, 아크릴물감, 붓, 바니시

(2) 목표

- 긍정적인 자아상을 심어준다.
- 내담자의 표현력과 성취감을 증진시킨다.

(3) 진행방법

① 음료수 유리병은 미리 잘 씻어 말려 놓는다.
② 유리병 전체에 얇게 지점토를 펴서 붙인다.
③ 지점토로 동그란 모양을 만들어 음료수병 위에 올려 머리 부분을 표현한다.
④ 머리에 눈, 코, 입과 머리카락 등을 표현한다.
⑤ 부조의 형태로 몸체를 만들고 팔, 다리를 만들어 붙인다.
⑥ 꾸며주고 싶은 부분은 남은 지점토를 이용해 꾸며준다.
⑦ 그늘에서 말린 뒤 아크릴물감으로 색칠한다.
⑧ 채색한 뒤에는 마감재(바니시)를 발라준다.
⑨ 표현한 작품의 이미지에 맞는 제목을 붙여 본다.

(4) 유의점

- 지점토가 마르는 과정에서 떨어지지 않도록 붙일 때 잘 눌러준다.
- 잘 붙지 않을 때에는 물을 살짝 발라주면 된다.

• 건조과정에서 떨어지는 부분은 목공풀로 붙인다.
• 마감제용 붓은 10호 정도의 붓을 하나 정해놓고 사용하도록 한다.

상담Tip
• 자신의 신체상에 대한 생각을 이야기 나눈다.
• 부정적인 자아상을 지닌 내담자에게는 자신의 장점을 찾도록 유도한다.
• 미래의 자아상을 표현하도록 하여 긍정적인 미래상을 심어줄 수 있다.

(5) 활용

꽃병 만들기
• 지점토를 유리병 전체에 얇게 펴서 붙인다.
• 꾸미고 싶은 문양이나 글씨를 병면에 부조 형식으로 붙여 준다.
• 마르고 나면 아크릴물감으로 색칠하여 꽃병을 완성한다.
• 색종이와 나무젓가락으로 꽃을 만들어 선물할 수도 있다.

지점토: 나의 모습

지점토: 꽃병

실습 12: 찰흙으로 작업하기

✤ 우리 가족 만들기

(1) 매체

찰흙, 신문지, 점토용 조각칼, 젖은 천, A4용지

(2) 목표

- 정서적 이완을 돕는다.
- 내담자의 가족에 대한 인식과 탐색을 돕는다.

(3) 진행방법

① 찰흙을 치고, 두드리고, 주무르며 충분히 이완시킬 수 있는 시간을 갖는다.
② 찰흙을 1/3정도 떼어내 놓고, A4용지 위에 넓게 편다.
③ 펼친 찰흙 위에 무언가 하고 있는 가족의 모습을 부조로 표현한다.
④ 표현한 작품의 이미지에 맞는 제목을 붙여 본다.

(4) 유의점

- 중간에 찰흙이 마르지 않도록 젖은 천이나 헝겊으로 싸둔다.

상담Tip

- 가족의 어떤 모습을 표현한 것인지에 대해 이야기 나눈다.
- 가족 안에서 내담자의 위치와 역할에 대해 탐색하고, 가족과의 갈등상황이나 어려운 점에 대해 이야기 나눈다.
- 내담자에 따라서는 가족의 어려움을 드러내는 것을 두려워 할 수 있다. 그런 경우에 가족과의 긍정적인 상호작용에 대해 이야기 나눈다.

(5) 활용

입체로 표현하기

- 이쑤시개나 철사를 이용하여 뼈대를 세워서 찰흙으로 환조 작품을 만들 수도 있다.

찰흙: 가족 나들이

실습 13: 풀물감으로 작업하기

✤ 풀그림 그리기

(1) 매체

4절 도화지, 풀죽, 수채물감 혹은 포스터컬러물감, 입구가 넓은 볼, 신문지

(2) 목표

- 유연성을 경험하고 긴장을 완화시킨다.
- 자유로운 활동을 통해 카타르시스를 경험하게 한다.

(3) 진행방법

① 먼저 치료자는 풀죽을 보여주며 어떤 것인지에 대해 간단히 설명한다.
② 내담자에게 비닐에 든 풀죽을 만져보게 하여 유연함을 경험하게 한다.
③ 풀죽을 넓은 볼에 담고, 내담자가 원하는 색의 물감을 섞어준다.
④ 3～4가지 색상의 풀물감을 만들어 놓는다.
⑤ 풀물감을 손에 묻혀 화지에 그림을 그려본다.
⑥ 표현한 작품의 이미지에 맞는 제목을 붙여 본다.

(4) 유의점

- 풀물감을 이용할 때에는 책상 위에 비닐을 깔아 내담자가 표현하는 것에 부담을 느끼지 않도록 배려한다.
- 통제력이 부족한 과잉활동적인 아동이나 손에 묻는 것에 대해 두려움을 느끼는 내담자의 경우에는 주의해야 한다.

상담Tip

- 내담자가 표현한 것을 보고 무엇이 연상되는지에 대해 이야기 나눈다.
- 활동 시의 느낌이 어떠했는지에 대해 내담자가 이야기할 수 있도록 돕는다.

(5) 활용

자신의 감정 표현하기

- 풀물감으로 현재 자신의 감정을 표현한다.
- 자신의 감정을 풀물감과 같은 유연한 매체로 표현할 수 있으므로 카타르시스의 효과를 극대화할 수 있다.

풀물감: 숲속의 집

실습 14: 석고붕대로 작업하기

✤ 입체 손 본뜨기

(1) 매체

석고붕대, 물, 수채물감, 사인펜, 매직, 신문지

(2) 목표

- 긍정적인 신체상을 가지도록 돕는다.
- 내담자의 바람과 욕구를 파악할 수 있다.

(3) 진행방법

① 석고붕대를 잘게 잘라 놓는다(3cm×3cm).
② 잘게 잘라진 석고붕대를 물에 살짝 적신 후 한쪽 손에 붙인다.
③ 손등 전체를 감싸주도록 한다.
④ 손가락과 손등의 이음새 부분은 좀 더 신경써서 붙인다.
⑤ 붙인 석고붕대가 굳을 때까지(석고가 뜨거워졌다가 식을 때까지) 움직이지 않고 기다린다.
⑥ 마르고 나면 전체를 감싼 석고붕대를 천천히 손과 분리한다.
⑦ 분리한 석고붕대에 다양한 색채매체를 이용하여 글씨나 그림으로 표현한다.
⑧ 손등에는 그림을 그리고 손가락에는 글을 쓰는 등의 다양한 표현을 할 수 있다.

(4) 유의점

- 석고붕대는 화방에서 판매하는 것보다 의료기기 판매상에서 구입하는

것이 질이 좋으며 접착력이 우수하여 표현하기 쉽다.

- 석고붕대는 건조되면서 온도가 상승하여 뜨거워지므로 얼굴 본뜨기를 할 때에는 화상에 주의해야 한다.

상담Tip

- 작품을 보고 떠오르는 느낌을 표현하도록 유도한다.
- 손가락에 자신의 각오나 다짐 등을 써서 이야기 나눈다.

(5) 활용

- 석고붕대는 다양하게 응용이 가능하며 손가락에 자신에 대한 소개나 자신의 장점 또는 다짐 등을 써서 표현할 수 있다.

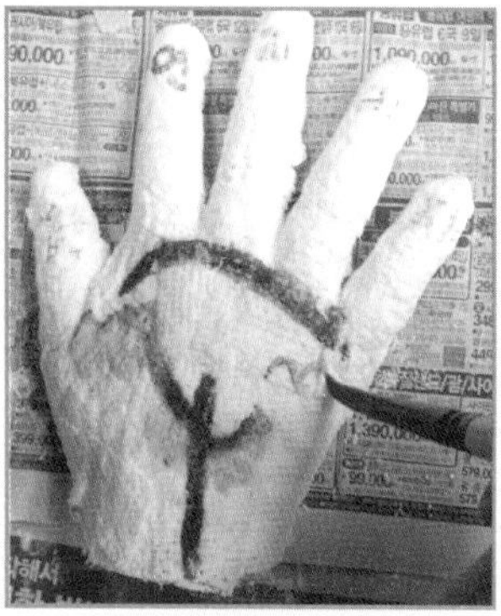

석고붕대: 손 본뜨기

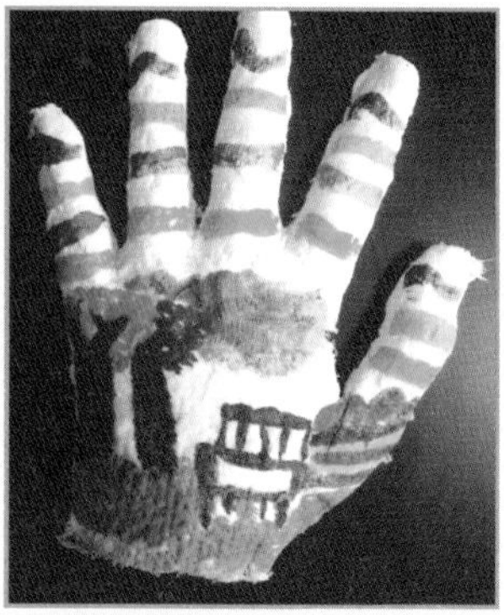

석고붕대: 여행

다양한 손 본뜨기 작품들

실습 15 : 석고가루로 작업하기

✤ 입체 계란 만들기

(1) 매체

석고가루, 고무볼, 나무젓가락, 풍선, 깔때기, 신문지

(2) 목표

• 내담자의 심리적 고민이나 갈등에 대해 탐색하고 표출시킬 수 있도록 돕는다.
• 집중력을 강화시킨다.

(3) 진행방법

① 풍선은 여러 번 크게 불었다 바람을 빼는 방식으로 입구를 늘려 놓는다.
② 풍선의 입구에 깔때기를 끼워둔다.
③ 석고가루를 고무볼에 담고 물을 넣어 빠르게 저어준다.
④ 깔때기를 통해 석고 갠 것을 풍선에 붓는다.
⑤ 깔때기를 풍선에서 분리한 후 풍선을 분다.
⑥ 적당한 크기로 분 풍선을 묶은 뒤 손으로 둥근 원을 그리며 석고가루가 골고루 퍼지도록 풍선을 돌려준다.
⑦ 풍선 안에서 골고루 퍼진 석고가루가 굳을 때까지 계속 이리저리 굴려준다.
⑧ 어느 정도 굳은 뒤에는 잘 말린다.
⑨ 풍선이 뜨거워졌다가 식으면 완전하게 굳은 것이므로 가위를 이용하여 입구 매듭부터 천천히 풍선을 잘라준다.
⑩ 풍선을 제거하고 남은 석고 알에 그림을 그려 표현한다.

이때에는 자신의 다짐을 쓴 후 알을 깨트릴 수도 있다. 또는 알에 작은 구멍을 낸 후 그 안에 자신의 소망이나 날려 버리고 싶은 점을 적은 쪽지를 넣을 수도 있다. 날려 버리고 싶은 점을 쓴 후에는 알을 깨어 날려 버리게 한다.

(4) 유의점

- 깔때기는 페트병의 입구쪽을 잘라 사용해도 무방하며 석고가루 반죽용 고무볼이 없을 때에는 큰 볼을 사용한다.
- 석고가루를 풍선에 넣은 후 풍선을 불 때 석고가루가 입에 묻지 않도록 주의한다.
- 미세한 충격에도 쉽게 깨질 수 있으므로 자아존중감이 낮은 내담자에게 적당하지 않다.
- 석고가루 6스푼, 물 10스푼이면 양과 농도가 가장 적당하다.
- 가루가 날릴 수 있으므로 환기를 시켜줘야 한다.

상담Tip

- 자신을 힘들게 하는 갈등이나 고민 등에 대해 이야기 나눈다.
- 자신이 버리고 싶은 것이나 사라졌으면 하는 것에 대해 이야기 나눈다.
- 자신의 현재 생활에 어떤 영향을 받고 있는지, 해결할 수 있는 방법은 무엇인지 이야기 나눈다.

(5) 활용

자화상 액자 만들기

- OHP 필름지에 유성펜으로 자신의 모습을 그린다. 가운데를 잘라낸 종이접시 위에 물에 갠 석고가루를 바른다. 마르기 전에 다양한 매체를 그 위에 꾸며서 자화상 액자를 만들어 본다.

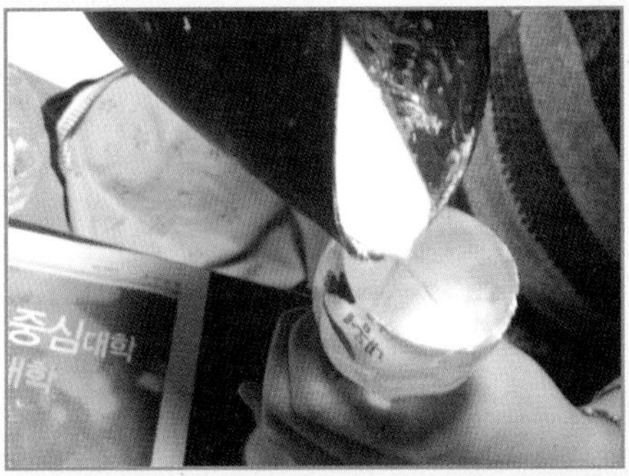

석고가루 붓기

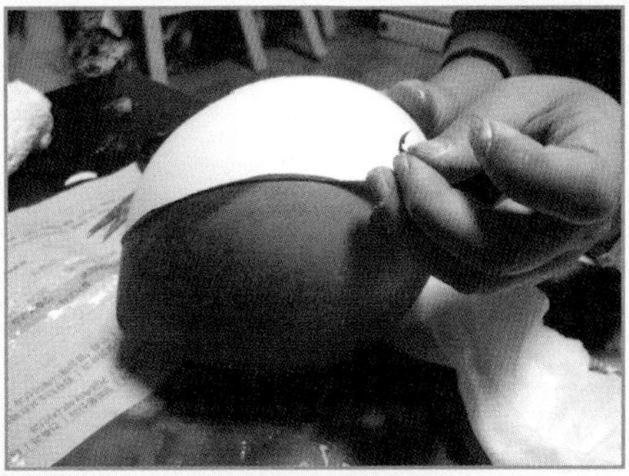

풍선 제거하기

완성된 알

알에 표현하기

석고가루: 자화상 액자

실습 16: 밀가루로 작업하기

✤ 밀가루찰흙으로 선물 만들기

(1) 매체

밀가루, 식용유, 둥근 볼, 포스터컬러물감, 종이컵, 나무젓가락

(2) 목표

- 근육을 이완시켜 긴장감을 해소한다.
- 현재 내담자에게 소중한 사람에 대해 탐색할 수 있다.

(3) 진행방법

① 크고 둥근 볼에 밀가루를 적당량 붓는다.

② 자신이 원하는 물감을 선택한 후 종이컵에 물과 물감을 넣은 후 나무젓가락으로 잘 저어 녹인다.

③ 밀가루가 들어 있는 볼에 종이컵의 물감을 1/2가량 붓고 식용유를 첨가한 후 손으로 잘 저어 반죽한다.

④ 물의 농도와 식용유의 농도를 맞추어 가며 남은 물감을 부어 반죽한다. 반죽이 끝나면 손과 볼에 묻은 반죽이 전부 떨어진다는 것을 미리 알려 주도록 하여 내담자를 안심시킨다.

⑤ 반죽이 다 되면 현재 가장 생각나는 사람에게 줄 선물을 만든다.

(4) 유의점

- 반죽이 너무 묽게 되면 밀가루를 조금 더 넣어 주고, 너무 딱딱해졌을 때는 물보다 식용유를 넣어 조절해 주는 것이 좋다.

상담Tip

- 밀가루를 반죽할 때 반죽을 두드리고, 치고, 주무르는 과정을 충분히 갖도록 하여 긴장된 마음과 근육을 이완시키도록 유도한다.
- 반죽을 만지는 느낌이 어떤지 느껴보게 하고 어떤 이미지가 떠오르는지 연상하도록 유도한다.
- 내담자가 이미지를 연상하고 작품으로 표현하면 그 작품에 대한 느낌을 이야기 나눈다.
- 집단미술치료에서 활용할 경우 집단원들이 각각 하나씩의 색상을 선택하여 밀가루찰흙을 만들어 집단원들과 나누어 쓰면 다양한 색상을 사용할 수 있어서 좋다.
- 색상을 선택하는 과정이나 필요한 색의 밀가루찰흙을 교환하는 과정에서 사회성을 키울 수 있다.

(5) 활용

파티상 차리기

- 집단미술치료에서 자신이 파티의 요리사가 되어 상에 차릴 음식 만들기를 해보아도 좋다. 파티 음식을 의논하고 진열하는 과정에서 협동심과 사회성을 증진시킬 수 있다.

밀가루찰흙: 돼지 가족

밀가루찰흙: 파티 음식

실습 17: 푸드아트 세라피로 작업하기

✤ 나의 모습 꾸미기

(1) 매체

일회용 접시, 비닐장갑, 2～3종류의 떡, 다양한 과자, 식빵, 건포도, 사탕류, 초콜릿류

(2) 목표

- 미술치료에 대한 부담감을 줄인다.
- 자신의 이미지를 탐색하도록 돕는다.

(3) 진행방법

① 일회용 접시에 식빵을 놓는다.
② 여러 가지 과자와 사탕 등을 이용하여 자신의 얼굴 모습을 꾸며볼 수 있다.
③ 현재 자신이 생각하는 자신의 얼굴을 여러 가지 재료로 꾸민다.
④ 표현한 자신의 이미지에 떠오르는 제목을 붙여 본다.

(4) 유의점

- 유 · 아동들의 경우 먹고 싶어 하거나 장난을 칠 수도 있으므로 시작 전에 규칙을 정하거나 하나씩 맛을 보게 한 후 회기를 진행한다.
- 튜브용 초코시럽을 이용하여 눈썹이나 머리카락을 표현할 수도 있다.

상담Tip

- 자신의 어떤 모습을 표현한 것인지에 대해 이야기 나눈다.
- 현재 내담자가 느끼는 어려움이나 고민과 연결하여 이야기 나눈다.

(5) 활용

다양한 표정

• 화가 났을 때, 행복할 때, 우울할 때 등의 주제를 정해 얼굴 꾸미기를 한 후 그때의 감정에 대해 탐색해 보아도 좋다.

푸드아트 세라피: 나의 모습

실습 18: OHP 필름으로 작업하기

✤ 전경과 배경 표현하기

(1) 매체

A4용지, OHP 필름, 유성매직, 네임펜, 크레파스, 색연필

(2) 목표

• 미래 모습이나 희망사항을 표현하게 하여 미래를 설계할 수 있다.

(3) 진행방법

① 자신이 가고 싶은 곳이나 미래의 자신의 모습을 생각해 본다.

② 배경은 A4용지에 크레파스나 색연필을 이용하여 그림을 그린다.

③ OHP 필름에는 그 풍경 속에 있을 자신의 모습을 네임펜이나 유성매직을 이용하여 그린다.

④ 표현한 작품의 이미지에 맞는 제목을 붙여 본다.

(4) 유의점

• OHP 필름은 수성사인펜을 사용하면 잘 지워지므로 유성펜을 준비한다.

상담Tip

• 내담자가 그린 배경은 어떤 곳인지, 자신에게 어떤 의미가 있는지에 대해 이야기 나눈다.

• 필름지에 그려진 미래의 모습에 대해 이야기 나누고 그 자리에 있기 위해 지금 현재 계획하고 실천해야 할 부분들에 대해 이야기 나눈다.

(5) 활용

투명인간놀이

- 8절 이상의 화지에 가고 싶은 곳(배경)을 그리고, OHP 필름에 투명인간이 된 자신의 모습(전경)을 그린 후 오린다.
- 투명인간이 되면 하고 싶은 일들을 배경 위에 OHP 필름지를 놓고 인형놀이를 한다.

OHP 필름: 휴식

실습 19: 색종이로 작업하기

✤ 감정단어 찾기 놀이

(1) 매체

색종이, 상자, 네임(유성)펜

(2) 목표

• 자신의 다양한 감정들을 탐색하고 표현하도록 돕는다.

(3) 진행방법

① 감정에는 어떤 것들이 있는지 이야기 나눈다.

② 이때 내담자가 감정과 생각을 혼동하지 않도록 설명해 준다.

③ 내담자가 감정단어들을 잘 모를 때는 여러 가지 다양한 감정들의 목록을 만들어 제시한다.

④ 색종이에 자신이 자주 느끼는 감정들을 하나씩 쓰거나 그림으로 표현한 후 접어 두도록 한다.

⑤ 접은 색종이는 상자 속에 넣고 고루 섞이도록 한다.

⑥ 집단미술치료의 경우, 내담자들이 돌아가면서 감정단어를 하나씩 뽑고 자신이 어떤 상황에서 그 감정을 느꼈는지에 대해 서로 이야기 나눈다.

(4) 유의점

• 색종이에 수성사인펜을 사용하게 되면 손에 묻을 수 있으므로 네임펜을 사용한다.

상담Tip

- 내담자가 자신의 가족에 대해 직접적으로 표현하는 것에 어려움이 있고, 자신의 감정을 파악하는 것도 쉽지 않다. 구체적인 예를 들거나, 타인의 경험을 듣다보면 자신의 경험을 떠올리게 되고 감정이입이 될 수 있다.
- 집단미술치료에서 집단원들의 이야기를 듣고 자신의 이야기를 하면서 서로 공감하고 다른 사람을 이해하는 계기가 된다.

(5) 활용

감정 파이

- 화지에 둥근 원을 크게 그리고, 자신이 평소 느끼는 감정들의 종류와 크기를 생각하여 면을 나누어 본다.
- 나누어진 조각에 감정과 관련된 그림을 그리거나 글을 쓴 후 색을 칠해 꾸며주어도 된다.
- 탐색한 감정들을 느끼는 경우는 주로 언제인지, 그런 감정을 느낄 때 자신이 하는 행동은 어떤지에 대해 이야기 나눈다.

색종이: 감정 상자

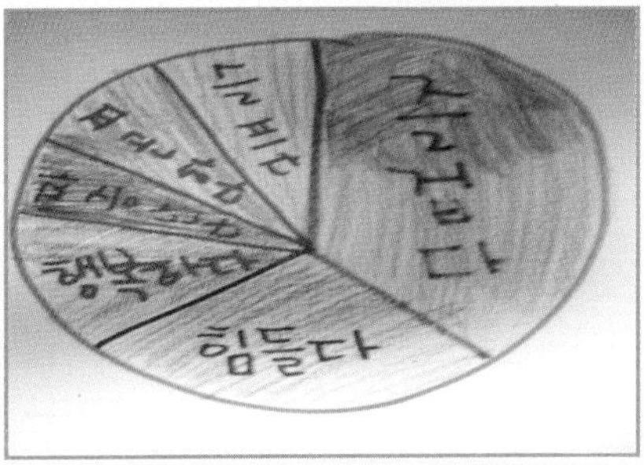

감정 파이

실습 20: 염색용 물감으로 작업하기

✤ 꿈 표현하기

(1) 매체

흰색 티셔츠, 염색용 물감, 붓, 걸레, 팔레트, HB연필, A4용지, 다리미

(2) 목표

- 작품을 통해 성취감을 얻는다.
- 미래에 대해 긍정적인 생각을 가지도록 한다.

(3) 진행방법

① 자신이 바라는 미래의 꿈이나 가족, 집에 대해 연상해 본다.
② 연상한 것에 대해 이야기 나누고, 이미지를 A4용지에 그려본다.
③ 그려본 이미지를 HB연필로 티셔츠에 연하게 밑그림을 그린다.
④ 염색용 물감으로 색칠한다.
⑤ 말린 후 A4용지나 얇은 천을 위에 덮은 후 다리미로 열을 가한다.
⑥ 표현한 작품의 이미지에 맞는 제목을 붙여 본다.

(4) 유의점

- 염색용 물감이 다른 곳에 묻지 않도록 유의한다. 물감이 옷의 뒷면에 스며들 수 있으므로 마분지나 신문지 등 두꺼운 종이를 옷 사이에 끼워 넣고 채색한다.

상담Tip

- 내담자가 표현하는 미래의 모습이 어떠한 것이라도 치료자는 수용해 주고 인정해 준다.
- 내담자가 미래 모습에 대한 구체적인 계획을 편안하게 연상하며 즐길 수 있는 시간이 되도록 한다.
- 가족이나 집에 대해 표현한 경우, 가족과 집이 내담자에게 어떤 의미인지 이야기 나누고 가족 내에서 내담자의 역할이나 가족에 대한 생각들을 정리할 수 있는 시간을 마련해 준다.

(5) 활용

실내화에 그림그리기

- 아동의 경우, 자신이 꾸미고 싶은 것들을 실내화에 표현하게 함으로써 성취감뿐만 아니라 창의력 증진에도 도움을 줄 수 있다.

염색용 물감: 나의 소망

실습 21 : 천으로 작업하기

✤ 나의 역사책 만들기

(1) 매체

쓰지 않는 아이보리나 흰색 천 1장, 매직, 네임펜, 폼포드지 5×7cm 2장, 5×1cm 1장, 8절 아이보리색도화지, 딱풀, 가위

(2) 목표

- 내담자 자신의 내면을 탐색할 수 있다.
- 내담자가 가진 긍정적인 면들을 파악하여 자아존중감을 높인다.

(3) 진행방법

① 폼포드지를 5×7cm로 자른 것 2장, 5×1cm로 자른 것 1장을 준비한다.
② 넓게 자른 천 위에 폼포드지를 적당한 간격을 두고 책 모양으로 놓는다.
③ 천으로 폼포드지를 감싸서 딱풀로 붙인다.
④ 책의 표지를 매직과 네임펜으로 꾸민다.
⑤ 색도화지는 세로 길이를 5cm로 맞추어 가로로 길게 자른다.
⑥ 자른 색도화지는 계단접기를 한다.
⑦ 접은 색도화지를 폼포드지 양쪽에 맞추어 붙인다.
⑧ 속지에 자신의 역사에 관한 이야기를 쓴다.
나이별로 지나온 과거부터 현재, 미래의 계획이나, 자신의 프로필과 장점, 특기, 성격 등 자신을 소개하는 글을 쓸 수 있다.

(4) 유의점

- 천을 폼포드지에 붙일 때 딱풀을 전체적으로 꼼꼼히 발라야 떨어지지 않는다.

상담Tip

- 내담자의 현재 삶에 영향을 준 과거에 대해 탐색한다.
- 내담자가 인식하고 느끼는 자신의 역사를 통해 삶을 통찰할 수 있도록 돕는다.

(5) 활용

내 인생의 중요한 사람

- 자신의 인생에 중요한 사람을 생각한 뒤 그 사람에 대한 이야기책을 만들어 본다.
- 특히 아동의 경우, 부모나 형제, 친구에 대한 탐색작업에 유용하다.

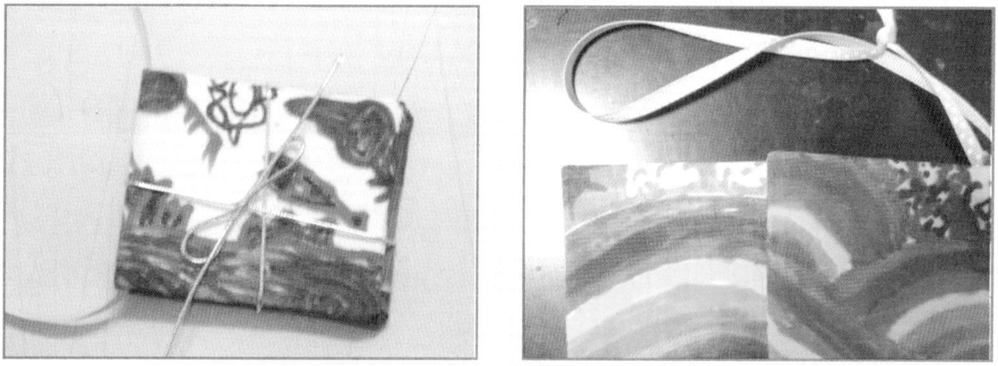

천: 나의 역사책

실습 22: 실로 작업하기

✤ 실그림을 이용한 난화 만들기

(1) 매체

다양한 색상의 8절 도화지, 실, 포스터컬러물감, 팔레트

(2) 목표

• 내담자의 현재 고민이나 욕구를 탐색할 수 있다.

(3) 진행방법

① 넓은 접시나 플라스틱 팔레트에 4~5가지 색상의 물감을 짜 놓는다.
② 실에 원하는 색상의 물감을 묻힌다.
③ 화지는 반으로 접었다가 펼쳐 놓는다.
④ 물감 묻힌 실을 화지에 올린다.
⑤ 화지를 반으로 접고 실을 움직여 가며 천천히 빼낸다.
⑥ 화지를 펴서 나타난 그림을 보고 어떤 이미지가 떠오르는지 생각한다.
⑦ 표현한 작품에 제목을 붙여 본다.

(4) 유의점

• 너무 가는 실은 그림이 선명하게 나오지 않으므로 약간 두꺼운 실을 이용하는 것이 좋다.

상담Tip

• 실그림을 여러 장 표현한 후, 각각의 제목을 붙이고 이야기를 만들어 보면 내담자의 통찰에 도움이 된다.
• 떠오른 이미지에 대해 이야기 나눈다.

(5) 활용

데칼코마니

• 화지에 물감을 바로 짜서 표현하는 데칼코마니로도 작업할 수 있다.

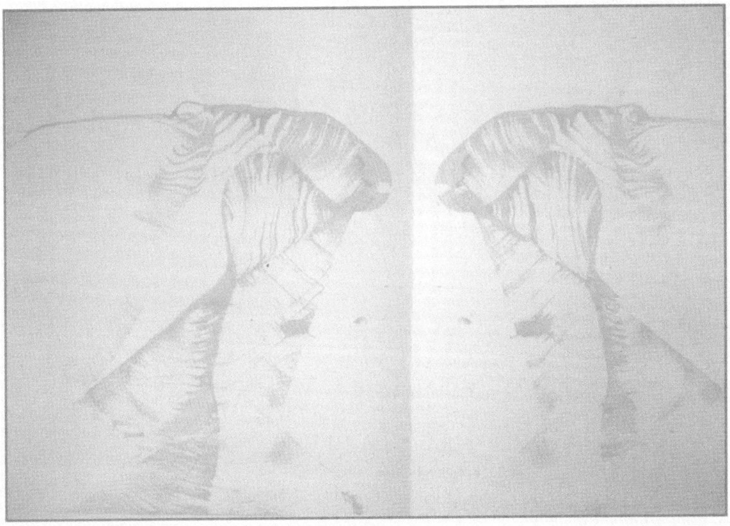

실그림: 얼룩말

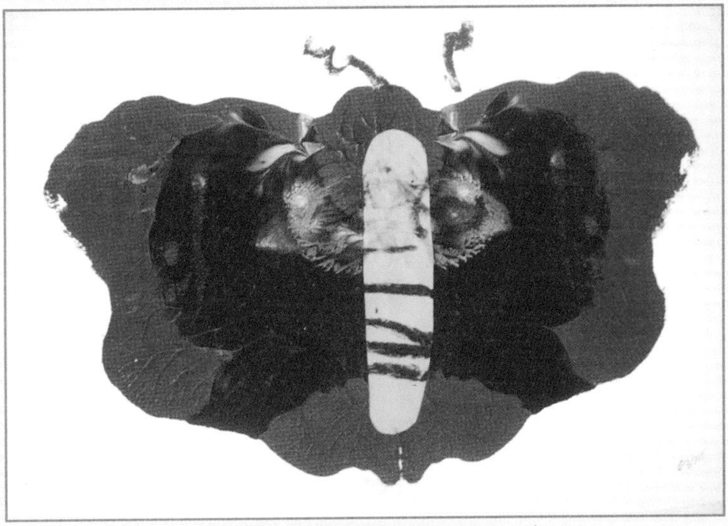

물감으로 표현한 데칼코마니: 나비

실습 23 : 양초로 작업하기

✤ 비밀그림 그리기

(1) 매체

8절 도화지, 양초, 수채물감, 붓, 물통, 걸레

(2) 목표

- 창조성과 흥미를 증진시킨다.
- 내담자의 욕구나 미래에 대해 탐색한다.

(3) 진행방법

① 현재 자신의 소망이나 바라는 욕구를 생각해 본다.
② 양초를 이용하여 도화지에 그림과 글로 표현한다.
③ 양초로 그린 후 물감으로 채색하여 양초로 그린 밑그림이 드러나게 한다.
④ 표현한 작품의 이미지에 맞는 제목을 붙여 본다.

(4) 유의점

- 내담자가 원하는 대로 여러 가지 색으로 채색할 수 있으며, 한 가지 색으로 할 수도 있다.

상담Tip

- 자신이 원하는 것에 대해 이야기 나누어 내담자의 욕구를 파악한다.
- 원하는 것들이 이루어지기 위해서는 어떤 방법들이 있는지 이야기 나눈다.
- 구체적이고 현실적인 방법이 내담자가 실천에 옮기기에 좋다.
- 여러 가지 방법 중 실천하기 쉬운 하나를 선택하도록 하여 과제로 내줄 수 있다.

양초: 합격

실습 24: 곡물로 작업하기

✤ 자화상 만들기

(1) 매체

일회용 접시, 다양한 곡식류(쌀, 조, 수수, 팥, 콩 등), 녹차잎, 목공풀, 면봉, 핀셋, 연필, 지우개

(2) 목표

- 내담자 자신의 내면에 대한 탐색을 돕는다.
- 긍정적 자아상을 갖도록 한다.

(3) 진행방법

① 다양한 곡물을 손으로 만져서 손의 감각을 느껴본다.
② 곡물에 대한 이야기를 나누며, 어린 시절의 추억을 회상한다.
③ 일회용 접시에 자신의 얼굴 모습을 연필로 스케치한다.
④ 스케치한 일회용 접시에 전체적으로 목공풀을 넓게 펴서 바른다.
⑤ 그 위에 다양한 곡물을 뿌리거나 놓아서 자신의 모습을 꾸민다.
⑥ 표현한 작품의 이미지에 맞는 제목을 붙여 본다.

(4) 유의점

- 정밀한 부분을 묘사할 때는 핀셋을 이용해 곡물을 집고 목공풀을 발라 접착시킨다.

상담Tip

- 곡물로 꾸민 자화상을 보고 느낌을 이야기 나눈다.
- 자신의 얼굴 중 마음에 드는 부분과 그렇지 않은 부분에 대해 이야기 나눈다.
- 자신의 단점을 긍정적인 방향으로 변화시킬 수 있는 에너지를 찾는다.

(5) 활용

봄동산 꾸미기

- 노인미술치료의 경우, 어린 시절 뛰놀던 뒷동산을 다양한 꽃과 식물, 점토를 이용해 꾸며보고 회상의 시간을 가진다.

곡물: 나의 얼굴

식물과 곡물: 나의 정원

실습 25 : 나무, 하드스틱으로 작업하기

✤ 액자 만들기

(1) 매체

다양한 나무토막, 하드스틱 8～10개, 목공풀, 사인펜, 매직, 양면테이프

(2) 목표

• 완성된 작품을 통해 성취감을 갖도록 돕는다.
• 창의력과 표현력을 증진시킨다.

(3) 진행방법

① 다양한 나무조각과 가지들을 책상 위에 올려놓고 손으로 만져 본다.
② 나무에 대한 각자의 추억에 대해 이야기 나눈다.
③ 무엇을 만들 것인지 생각해 본 뒤, 구성물을 조합해 본다.
④ 하드스틱 6～8개를 가로로 놓고 양쪽 가장자리에서 1.5cm 정도 안쪽에 양면테이프를 붙인다.
⑤ 양면테이프를 붙인 곳에 아이스막대를 세로로 붙여 액자를 만든다.
⑥ 액자의 앞면에 나무조각들을 붙여 표현하도록 한다.
⑦ 완성한 뒤 매직이나 사인펜을 이용하여 꾸며 준다.
⑧ 표현한 작품에 제목을 붙여 본다.

(4) 유의점

• 글루건을 준비해 두었다가 목공풀로 붙지 않는 곳을 접착하는 데 사용하도록 한다.

상담Tip

- 자신이 무엇을 표현했는지 이야기 나눈다.
- 작품을 보고 떠오르는 이미지와 느낌에 대해 이야기 나눈다.
- 작품활동을 하면서 느낀 점을 이야기 나눈다.

(5) 활용

액자 만들기

- 다양한 자연물을 이용하여 액자를 만들 수 있다.
- 곡물과 단추, 클립, 조개껍데기 등으로도 액자를 만들 수 있다.

하드스틱과 나무조각: 거북이

단추와 클립: 액자 만들기

자연물: 액자 만들기

실습 26: 한지로 작업하기

✤ 구겨서 표현하기

(1) 매체

다양한 색상의 한지, 4절 이상의 화지, 목공풀, 연필, 크레파스 등

(2) 목표

- 내면에 억압된 부정적인 감정(분노나 공격성 등)을 표현할 수 있다.
- 과거의 갈등이나 미해결 문제를 회상하며 수용과 재통합의 기회를 가진다.

(3) 진행방법

① 다양한 색상의 한지 중 마음에 드는 것을 고른다.
② 한지에 대한 자신의 생각이나 느낌을 나누며 손바닥으로 문질러 보고 탐색한다.
③ 자신의 인생에서 화나게 하거나 미운 사람은 누구인지를 생각하며 한지를 마구 구긴다.
④ 화지에 밑그림을 그린 후, 구긴 한지를 뜯어서 붙이거나 한지 전체를 붙여 표현한다.
⑤ 표현한 작품에 제목을 붙여 본다.

(4) 유의점

- 한지 구기는 것을 두려워하는 내담자에게는 한지를 탐색할 시간을 충분히 준다.

상담Tip

- 갱년기의 중년여성이나 노인의 분노표출작업에 효과적이다.
- 누구를 향한 분노인지, 최근에 이러한 분노를 느낀 적은 언제인지 이야기 나눈다.
- 작품이 어떠한 감정들을 불러일으키는지, 자신에게 어떠한 영향을 미치고 있는지에 대해 이야기 나눈다.
- 집단미술치료에 활용하는 경우, 각자가 구긴 한지를 모아 집단원 전체의 새로운 작품(꽃이나 나무, 과일 등)으로 승화시킬 수 있다.

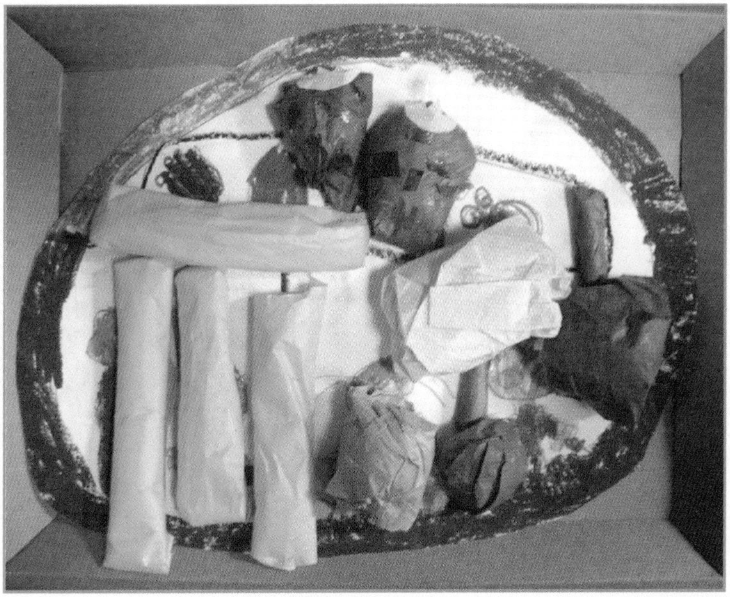

한지: 과일 접시

2. 도입과 종결 활용 미술치료

미술치료도 일반 상담이나 심리치료에서처럼 도입-중기-종결단계로 나눌 수 있다. 특히 미술치료에서 도입단계는 치료자와 내담자 간의 친밀감과 신뢰감을 형성하는 아주 중요한 시간으로, 이 시기의 라포 형성은 상담의 성패를 결정한다고 해도 과언이 아니다. 도입단계의 매체들은 사용하기 용이하고, 내담자가 미술치료에 흥미를 느낄 수 있는 것들이 좋다. 그리고 미술치료의 종결단계는 미술치료를 마무리하는 시기로, 그동안 진행해 온 회기들을 정리하고 내담자가 미술치료를 통해 얻은 자기통찰과 에너지를 현실에 적용할 수 있는 매체와 기법들을 준비한다.

다음에서 제시할 매체활용 기법들은 미술치료의 도입과 종결에 적용하면 유용한 활동들로서, 내담자의 상태와 맥락에 따라 적절히 활용하면 효과적일 것이다.

1) 도입단계

실습 1: 명함 만들기

(1) 매체

아트지, 잡지, 풀, 가위, 네임펜, 매직, 마커, 파스텔

(2) 목표

- 자아존중감을 향상시킨다.
- 내담자의 자기표현력을 증진시킨다.

(3) 진행방법

① 좋아하는 별칭이나 장래희망, 취미 등에 대해 이야기 나눈다.
② 미래에 가지고 싶은 명함에 대해 생각해 본다.
③ 아트지를 명함 크기(가로 9cm, 세로 6cm 정도)로 자른다.
④ 자른 명함지에 다양한 그리기매체를 사용하여 이름이나 별칭, 자신을 소개하는 글을 쓰거나 그림을 그려 꾸민다.
이때 스티커나 반짝이풀을 이용할 수도 있다.
⑤ 꾸민 명함으로 자신을 소개한다.

(4) 유의점

- 도입단계에서 활용하므로 자신의 장점이나 긍정적인 면을 부각시켜 내담자가 미술치료에 대한 부담감을 덜게 하고 자신감을 가질 수 있도록 한다.

상담Tip

- 자신을 소개하면서 자신이 어떤 사람인지를 탐색하도록 한다.
- 이름에 대한 유래나 에피소드를 통해 자신을 돌아보는 시간을 갖는다.
- 내담자가 자신의 이름과 스스로에 대해 자신감을 찾을 수 있도록 표현하게 한다.

명함 만들기: 나를 소개합니다

실습 2: 띠 만들기

(1) 매체

컬러점토, 플라스틱판, 점토용 조각칼

(2) 목표

- 표현력을 증진시키고, 긴장을 이완한다.
- 내담자 자신의 탄생에 대해 회상하도록 함으로써 통찰을 돕는다.

(3) 진행방법

① 자신이 무슨 띠인지, 탄생에 대한 에피소드를 간단하게 소개한다.
② 자신의 띠에 해당하는 동물의 이미지에 대해 이야기 나눈다.
③ 컬러점토를 만지고, 주무르고, 두드리며 충분히 이완하는 시간을 가진다.
④ 컬러점토를 이용하여 자신의 띠에 해당하는 동물을 만든다.
⑤ 표현한 작품에 제목을 붙여 본다.

(4) 유의점

- 점토를 충분히 만져보고, 느끼면서 감정을 이완하는 시간을 갖는다.

상담Tip

- 작품활동을 하면서 느낀 감정에 대해 이야기 나눈다.
- 내담자 탄생에 대한 가족들의 반응에 대해 이야기 나눈다.
- 내담자가 느끼는 자신의 탄생에 대한 감정과 느낌을 이야기 나눈다.

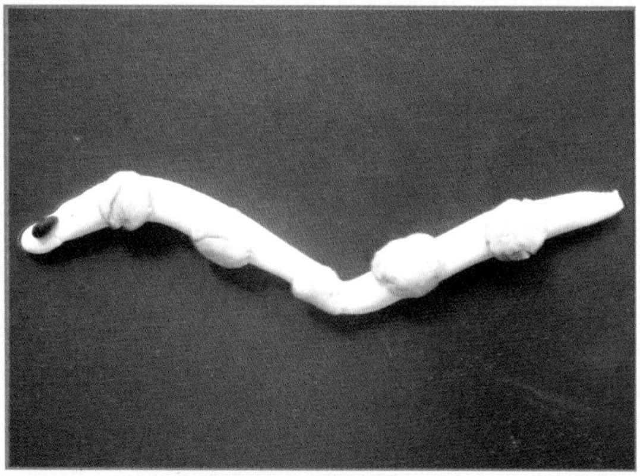

띠 만들기: 뱀띠

띠 만들기: 개띠

실습 3: 손 본뜨기

(1) 매체

다양한 화지, 다양한 그리기매체(연필, 볼펜, 사인펜, 크레파스, 색연필 등)

(2) 목표

- 긍정적인 신체상을 가지도록 한다.
- 자신에 대한 긍정적인 인식과 탐색을 돕는다.

(3) 진행방법

① 내담자에게 화지와 그리기매체를 선택하게 한다.
② 자신의 손에 관한 이야기를 나누며 다양한 손뼉치기 등으로 이완한다.
③ 마음에 드는 화지와 손 본뜨기할 매체를 선택한다.
④ 선택한 화지에 한쪽 손을 펴서 얹고 다른 손으로 손 본뜨기를 한다.
⑤ 내담자에게 자신의 장점을 생각해 보게 한다.

이때 장점은 반드시 거창할 필요는 없으며, 자신이 장점이라고 생각하는 것은 무엇이든 가능하다고 알려준다.

⑥ 본 뜬 손의 손가락마다 자신의 장점을 쓰고 손을 꾸며 본다.

(4) 유의점

- 내담자에 따라서는 자신의 장점을 생각해 내기 어려워할 수도 있다. 이럴 때에는 2~3가지 정도로 줄여주거나 생활 속에서 좋아하는 것 등을 탐색하게 하는 것도 가능하다.

상담Tip

- 자신이 생각하는 장점에 대해 이야기 나눈다.
- 장점을 찾기 어려워 하는 내담자에게는 자신이 할 수 있는 일, 좋아하는 것, 외모나 주변에서 탐색해 보도록 한다.
- 그러한 장점을 갖게 된 힘은 어디에서 왔는지 탐색하도록 하여 내담자가 스스로를 긍정적으로 바라보도록 돕는다.
- 치료자가 보는 내담자의 장점을 말해주고 자신이 소중하고 가치 있는 사람이라는 점을 일깨워 주어 내담자의 자아존중감을 높일 수 있도록 한다.

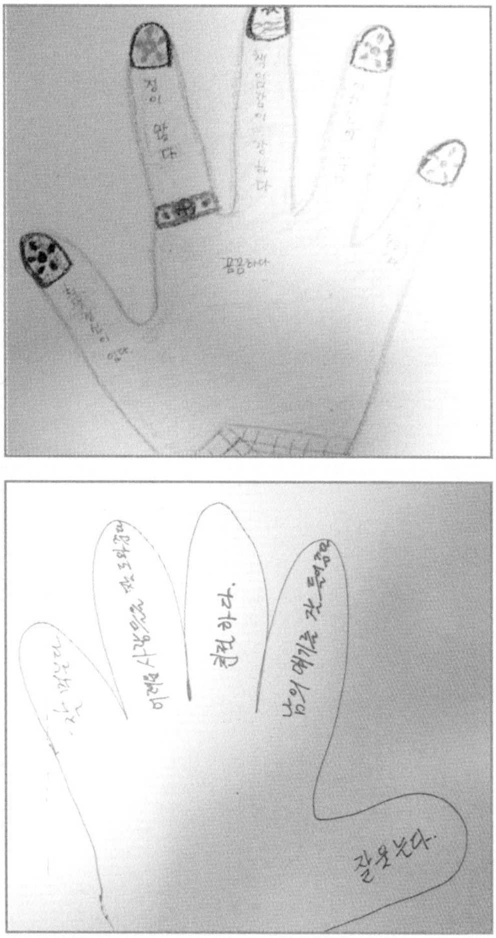

손 본뜨기: 나의 장점

실습 4: 난화 표현하기

(1) 매체

A4 용지 또는 8절 도화지, 크레파스

(2) 목표

- 미술치료에 대한 부담감과 긴장감을 줄인다.
- 내담자가 찾아낸 심상으로 내면의 탐색을 돕는다.

(3) 진행방법

① 먼저 허공에 팔을 크게 움직여 동그라미나 직선, 곡선 등을 표현해 본다.
② 손가락으로 자유롭게 그림을 그리거나 글자를 써 보면서 근육과 긴장을 이완시킨다.
③ 몇 번 연습함으로써 긴장을 풀어 준다.
④ 크레파스에서 한 가지 색을 선택한다.
⑤ 선택한 크레파스로 화지에 자유롭게 직선이나 곡선을 묘사한다.
이때 내담자가 화지에 표현하는 것을 두려워할 경우 치료자가 테두리를 그려준다.
⑥ 그려진 선을 자유롭게 돌려 보면서 떠오르는 심상을 찾는다.
⑦ 이미지가 떠오르면 색을 칠하여 구체화시킨 뒤 제목을 붙여 본다.

(4) 유의점

- 심상을 찾지 못하는 내담자에게는 치료자가 먼저 찾아 제시해 줌으로써 부담감을 덜어줄 수 있다.

상담Tip

- 내담자가 찾은 이미지를 현재 내담자의 생활이나 문제와 관련시켜 이야기 나눈다.
- 난화는 방어적인 내담자에게 자신의 무의식을 보다 쉽게 의식화시켜 주고 내담자 스스로 문제를 인식하도록 도와준다.

난화 표현하기: 오리와 돛단배

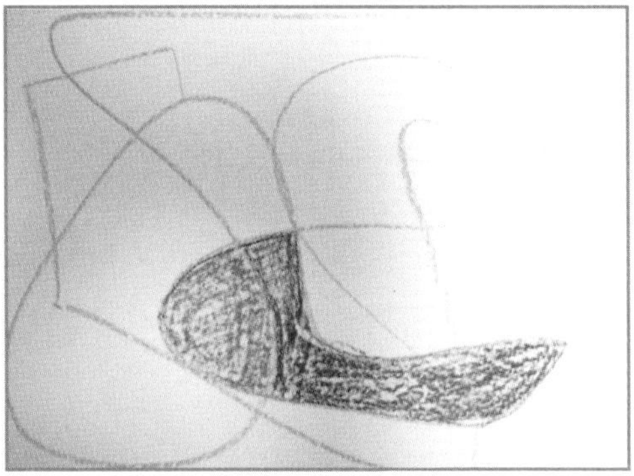

난화 표현하기: 빨간 구두

실습 5: 별칭 그리기

(1) 매체

다양한 색상과 크기의 화지, 크레파스, 사인펜, 색연필

(2) 목표

- 초기단계의 어색함과 부담감을 없앤다.
- 내담자의 자기표현력을 향상시켜 준다.

(3) 진행방법

① 자신이 평소 좋아하는 별칭이나 다른 사람들이 불러 주었으면 하는 별칭을 생각해 본다.
② 별칭은 구체적인 표현뿐만 아니라 추상적인 표현도 가능하다.
③ 화지와 그리기매체를 선택하여 자신의 이미지, 바라는 모습 등으로 표현한다.
④ 표현한 작품에 제목을 붙여 본다.

(4) 유의점

- 별칭과 별명을 혼동하지 않도록 내담자에게 설명해 준다.
- 집단미술치료에서 내담자 스스로 별칭 정하는 것을 어려워할 경우에는 다른 집단원들이 보는 모습을 이야기해 주어 정할 수 있도록 돕는다.

상담Tip

- 자신의 어떠한 점이 별칭으로 부각되었는지, 그러한 별칭이 자신에게 어떤 의미가 있는지 내담자에게 질문한다.
- 집단미술치료의 경우 마지막 회기에 집단원들에게 별칭지를 돌려 서로 간에 피드백을 주고받을 수 있다.

별칭 그리기: 나는 '달' 입니다

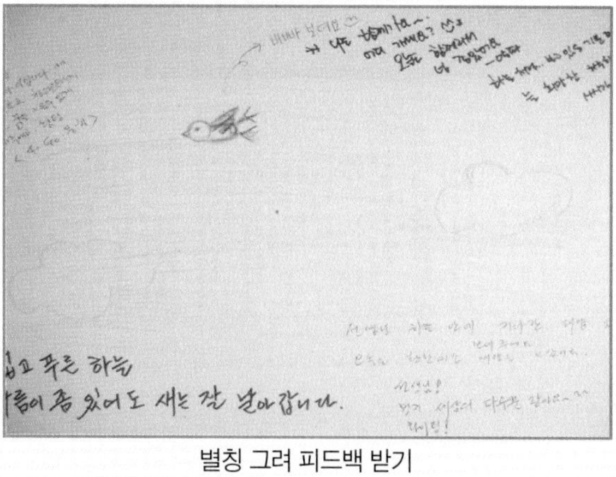

별칭 그려 피드백 받기

실습 6: 나무 그리기

(1) 매체

다양한 색상의 8절 도화지, 색연필, 크레파스

(2) 목표

- 자신에 대한 이미지를 형상화시킬 수 있다.
- 현재 내담자의 에너지 수준을 파악할 수 있다.

(3) 진행방법

① 현재 주변에 피는 꽃이나 나무들에 대해 이야기 나눈다.
② 자신을 나무로 나타내면 어떤 나무가 될지 생각한 후 화지에 그려 본다.
③ 표현한 작품에 제목을 붙여 본다.

(4) 유의점

- 도입단계에서는 현재의 자신을 나타낼 수 있는 나무를 표현하고, 종결단계에서는 미래의 나무를 표현하는 것이 자신을 인식하도록 도와준다.

상담Tip

- 내담자가 그린 나무가 어떤 나무인지 이야기 나눈다.
- 미술치료에서 나무는 자신을 상징적으로 나타낸다. 그러므로 내담자가 자신으로 표현한 나무는 큰 의미를 가진다.
- 나무의 모양, 색, 나무가 있는 장소, 나무의 건강상태, 날씨, 계절 등을 질문하고, 내담자의 현재 상황과 접목하여 이야기를 이끌어 나간다.
- 미래지향적 나무를 그렸다면 현재는 어떤 나무인지, 미래의 나무와는 어떻게 다르며 미래 나무의 어떤 점이 좋은지에 대해서 질문한다.

(5) 활용

내가 꽃이라면

- 나무 대신 꽃을 그리게 할 수 있다.
- 첫 회기에는 땅 속에 있는 씨앗을 그리고 종결 회기에서는 씨앗 위에 원하는 꽃을 그려 완성할 수도 있다.

나무 그리기: 동백나무

씨앗 그리기: 세잎 클로버

2) 종결단계

실습 1: 희망 연 만들기

(1) 매체

만다라 문양지, 다양한 색상의 색지, 한지, 사인펜, 매직, 크레파스, 가위, 풀

(2) 목표

• 삶에 대한 회상을 통해 자아를 통합하고 미래상을 세울 수 있다.

(3) 진행방법

① 다양한 색지 중 자신의 마음에 드는 색지를 하나 선택한다.
② 선택한 색지를 연 모양으로 자른다.
③ 만다라 문양지 중 마음에 드는 것으로 하나 골라서 채색한다.
④ 만다라 문양을 잘라 연의 가운데에 붙인다.
⑤ 연에 색지나 한지를 잘라 꼬리를 만든다.
⑥ 꼬리 부분에 자신의 소망을 쓴다.
⑦ 소망을 담은 연을 날려 보낸다.

(4) 유의점

• 복잡한 만다라 문양보다는 비교적 간단하고 채색하기 쉬운 문양으로 준비한다.

상담Tip

- 자신의 소망에 대해 이야기 나눈다.
- 아동의 경우는 과거회상보다 미래에 대한 긍정적인 기대와 계획을 세우도록 한다.
- 노인의 경우, 지나온 과거를 회상하고 다가올 죽음에 대한 두려움을 감소시킨다.

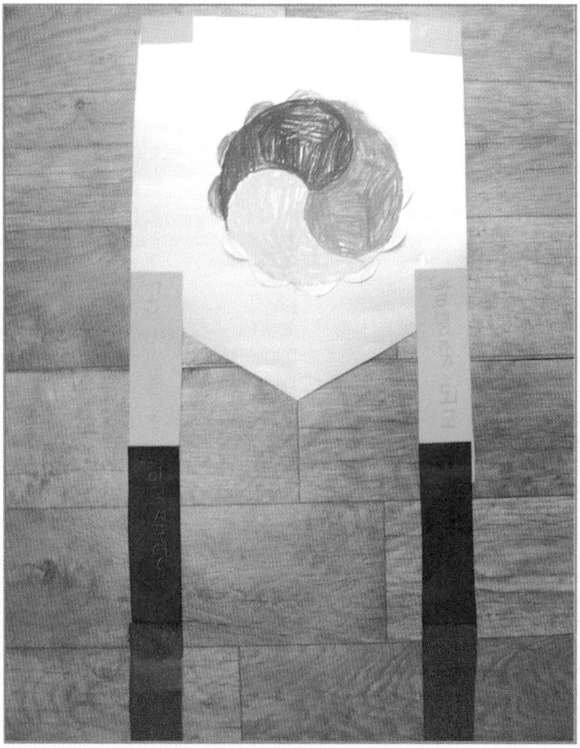

희망 연 만들기: 발명가가 되고 싶어요

실습 2: 선물 만들기

(1) 매체

찰흙, 점토용 조각칼, 플라스틱 판 혹은 책받침, 젖은 천, 붓, 포스터컬러 물감

(2) 목표

- 소망을 형상화시킬 수 있다.
- 집단원 간의 긍정적인 피드백을 통해 자아존중감을 높인다.

(3) 진행방법

① 본 회기의 주제인 선물에 대해 이야기 나눈다.
② 자신이 주고받은 선물 중에 가장 기억에 남는 것에 대해 생각해 본다.
③ 선물을 줄 대상을 떠올려 보고, 어떤 선물을 주고 싶은지에 대해 이미지화시킨다.
④ 찰흙을 충분히 만지고, 치고, 두드리면서 근육을 이완시킨다.
⑤ 선물을 만든 다음 제목을 붙여 본다.

(4) 유의점

- 통제나 억압이 심하여 점토로 만드는 작업을 힘들어하거나 흙이 묻는 것을 부담스러워 하는 내담자에게는 잘 맞지 않으므로 점토 대신 종이에 그림으로 표현할 수 있도록 한다.
- 그늘에서 잘 말린 후 다음 회기에 채색할 수 있다.

상담Tip

- 집단미술치료에서 실시할 때는 집단원에게 줄 선물을 만들어 보는 것도 집단의 응집력을 높이고, 타인에 대한 고마움을 표현하는 방법으로 효과적이다.
- 집단원들의 이름이나 별칭을 쓴 종이를 상자에 넣고, 이들이 돌아가며 뽑기를 하여 선택된 집단원에게 줄 선물을 만들고 그 의미를 전달하는 시간을 갖는다.
- 미술매체 중 점토나 찰흙은 이완시키기에 가장 좋다. 치료자는 내담자에게 충분한 시간을 주도록 하여 자신의 감정을 표출하고, 작품을 만들도록 하는 것이 좋다.

주고 싶은 선물: 컵

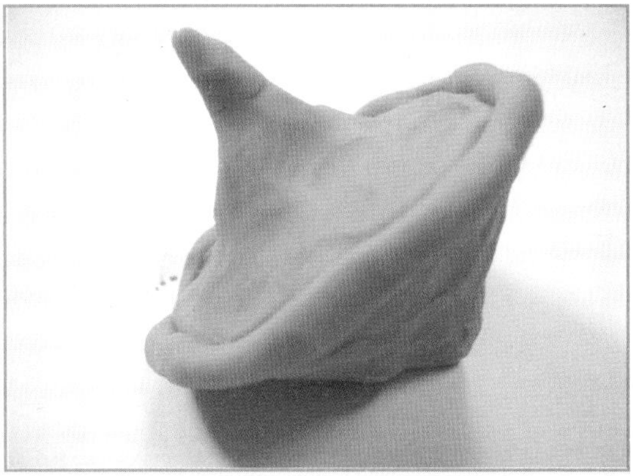

받고 싶은 선물: 팽이

실습 3: 과일바구니 꾸미기

(1) 매체

4절 도화지, 연필, 지우개, 크레파스, 색연필, 사인펜, 가위, 딱풀, A4용지, 과일 문양지

(2) 목표

- 내담자의 대인관계를 알아보고, 자신의 인생에서 소중한 사람에 대해 탐색할 수 있다.
- 집단의 응집력을 높인다.

(3) 진행방법

① 자신이 좋아하는 과일에 대해 이야기 나눈다.
② A4용지에 자신이 좋아하는 과일이나 그 계절의 과일 등 다양한 과일을 그려서 색칠한다.
③ 4절 도화지에 연필로 과일바구니를 스케치한다.
④ 과일바구니를 채색하고 잘 꾸며준다.
⑤ 그려놓은 과일들을 과일바구니에 오려 붙인다.

(4) 유의점

- 그림 그리기를 어려워하는 내담자의 경우, 치료자가 미리 과일 문양지를 준비해서 제시할 수 있다.
- 아동들의 경우 몇 가지 과일을 정해 치료자와 종이접기로 꾸미기를 할 수도 있다.

상담Tip

- 과일바구니를 선물하고 싶은 사람이 누구인지를 떠올려 보고, 그 사람에게 주고 싶은 이유에 대해 이야기 나눈다.
- 대부분의 내담자는 과일바구니를 꼭 타인에게 선물해야 한다고 생각하지만, 그 대상이 꼭 타인에게 국한될 필요는 없음을 알려준다. 그동안 미술치료에 잘 임했거나, 노력한 자신에게 스스로가 주는 선물일 경우, 내담자들은 자신에 대한 자아존중감과 가치를 좀 더 잘 받아들일 수 있다.
- 타인에게 선물할 경우는 어떠한 점에서 선물을 주고 싶은지, 그 사람이 자신의 인생에 어떠한 영향을 끼쳤는지 이야기함으로써 자신의 인생에 지지자가 있음을 알게 한다.
- 과일바구니 꾸미기는 집단미술치료에서는 집단원들을 응집시키고 상호작용을 증진하기에 좋은 작업이다. 또한 각자의 이야기를 통해 타인을 이해하고 타인과의 관계를 수용할 수 있다.

(5) 활용

과일 부조 만들기

- 아동들의 경우 한지를 말아서 과일 만들기를 하면 입체적인 작품이 된다.

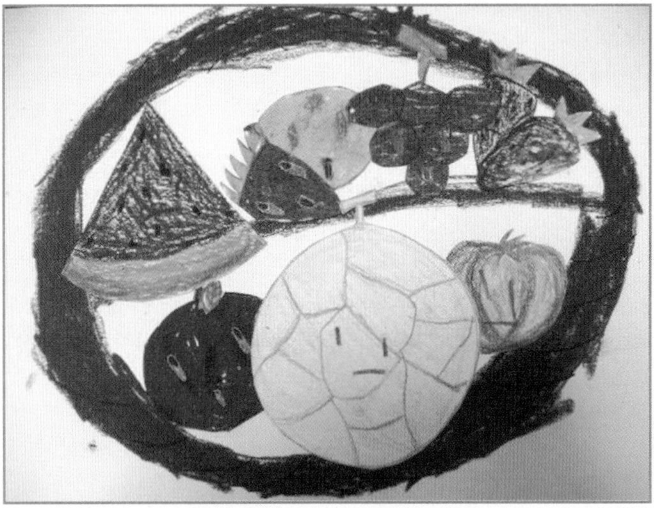

과일바구니 꾸미기

실습 4: 꿈나무 꾸미기

(1) 매체

빨간색 · 초록색 색지, 가위, 풀, 신문지, 폼포드지, 크레파스, 사인펜, 매직, HB연필, 지우개

(2) 목표

• 미래의 모습을 표현해 봄으로써 긍정적 미래상과 자아상을 확립할 수 있다.

(3) 진행방법

① 미래에 하고 싶은 일이나 장래희망을 생각해 본다.
② 빨간색 색지에 열매나 꽃을 표현하고, 생각한 것을 써 넣는다.
③ 초록색으로는 잎을 꾸민다.
④ 잎에는 미래의 계획을 위해 지금 할 수 있거나 해야 할 일 또는 자신의 장점을 써 본다.
⑤ 나무의 줄기는 신문지를 찢어 붙이기 한다.
⑥ 집단에서 실시할 때에는 집단원들이 나무를 함께 꾸며보아도 좋다.
⑦ 먼저 끝낸 집단원부터 나무 꾸미기를 하면 활동이 늦게 끝나는 집단원과 보조를 맞출 수 있다.

(4) 유의점

• 미래를 위해 현재 자신이 무엇을 실천해야 하는지에 대해 내담자가 부담스러워할 수 있으므로 과제나 무거운 짐으로 느끼지 않도록 유의한다.

상담Tip

- 자신이 정한 미래를 위해 지금 할 수 있는 일과 해야 할 일을 탐색해 볼 수 있다.
- 아동의 경우 막연하게 부자, 사장, 대통령 등을 쓰는 경우가 많은데, 이때 자신의 흥미, 관심분야, 능력 등을 고려하여 구체화시킨다.
- 막연한 미래가 아닌 구체적인 계획을 세우고 실천할 일들을 정리해 보게 함으로써 현재 자신의 생활 패턴을 점검할 수 있다.
- 자신의 장점과 희망사항을 함께 표현하도록 하면 좀 더 구체적이고 현실적인 접근이 가능하다.

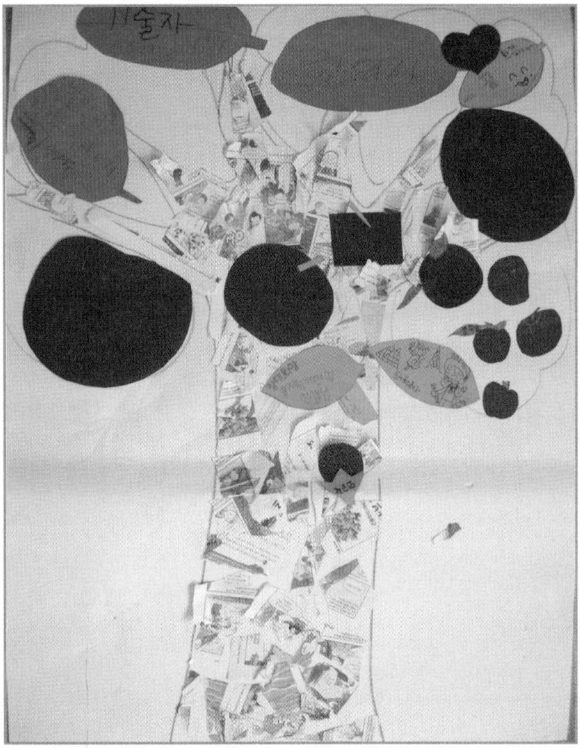

꿈나무 꾸미기

실습 5: 만다라 꾸미기

(1) 매체

다양한 만다라 문양지, 폼포드지, 매직, 색연필, 사인펜, 크레파스, 가위, 풀, 명상음악

(2) 목표

- 내담자의 심리적 안정을 돕는다.
- 집단의 응집력을 높인다.

(3) 진행방법

① 폼포드지에 매직으로 공작새를 그려 놓는다.
② 이때 날개 부분은 선으로만 표현한다.
③ 만다라를 그리기 위해 명상음악을 활용하여 근육을 이완시키고 긴장을 풀어준다.
④ 눈을 감고, 복식호흡을 하며 편안한 상상을 해본다.
⑤ 이완작업이 끝나면 마음에 드는 만다라 문양지를 고른다.
⑥ 선택한 문양을 다양한 매체로 색칠한다. 한 가지 매체만 선택하여 완성할 필요는 없다.
⑦ 자신의 만다라를 보고 떠오르는 심상을 생각하여 제목을 붙여보게 한다.
⑧ 각자가 표현한 만다라 문양들을 오려 공작새의 날개 부분을 꾸며준다.

(4) 유의점

- 만다라 문양지가 얇을 경우, 사인펜이나 매직으로 넓은 면적을 색칠할 때 찢어질 수 있다.
- 활동 중에도 집중할 수 있도록 명상음악을 틀어 놓아도 좋다.

상담Tip

- 만다라작업에서 명상으로 긴장을 완화시키고, 작업하는 과정에서 느낀 감정도 중요하게 다룬다.
- 어떤 연상을 하였는지, 어떤 느낌을 받았는지 내담자가 충분히 표현하도록 유도하고, 작품을 보고 느끼는 감정에 대해서도 표현해 보도록 격려한다.

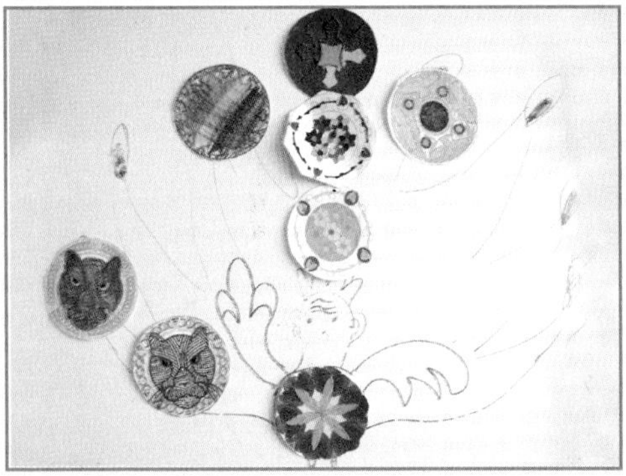
만다라 꾸미기: 공작새

만다라 꾸미기: 나무

Chapter 4

매체를 활용한 미술치료 사례

1. 개인미술치료

사례 1 집단따돌림 경험으로 또래관계에 어려움이 있는 여중생

(1) 내담자

내담자는 17세 여자이며, 가족으로는 부모와 남동생이 있다. 동생이 태어난 직후부터(3세 정도) 왼쪽 뇌 손상으로 3년간 간질을 앓았으나 뚜렷한 원인은 모른다고 한다. 어릴 때부터 발달이 느렸으며, 지능은 IQ 80으로 판정받은 적이 있고(S대학교 그림지능검사), 특히 수 개념이 약해서 물건을 사는 경우에도 어려움이 있다. 5세 때 다른 아동에 비해서 발달이 느린 것을 알고 병원에서 검사를 받은 결과 학습장애 판정이 나왔다. 9세 때부터 가족과 함께 베트남에서 7년간 살게 되었는데, 인지능력이 떨어진다는 이유로 집단따돌림을 당한 경험이 있다. 다음 학기에 원래 학년보다 두 학년 낮은 중학교 2학년에 복학할 예정으로 그에 따른 심리적 불안과 두려움이 상당히 컸다.

(2) 회기별 프로그램

표 4-1 프로그램

단계	회기	주제
초기단계	1	자신의 이미지를 상징적으로 표현하기
	2	콜라주 활동 – 마음찾기
	3	얼굴표정으로 현재 감정 표현하기
중기단계	4	손 본뜨기 활동 – 자신의 장점과 단점
	5	가족을 상징적으로 표현하기
	6	동물가족화
	7	빗속의 사람 그리기
	8	자유화
	9	미운 친구 표현한 종이 찢기
	10	다리 위의 사람들 – 두려움 파악
	11	색종이 활동 – 좋아하는 사람과 싫어하는 사람
후기단계	12	달걀화
	13	지점토 활동

① 1회기

- 주 제: 자신의 이미지를 상징적으로 표현하기
- 목 표: 자신이 느끼고 생각하는 자신의 이미지를 인식시키고자 한다.
- 매 체: 화지, 크레파스
- 내 용: 자신의 이미지를 표현해 보도록 했다. 치료자가 우선 예를 들어 주어서, "나 같은 경우는 바다로 표현하기도 한다."라고 했더니 자신도 바다를 그려보고 싶다고 하였다. 그리고는 물고기 가족을 그렸는데, 아빠, 엄마, 자신의 물고기라고 했다. 물고기의 표정은 아주 밝게 표현되었으나 남동생은 그리지 않았다. 물고기의 왼쪽 옆에는 오징어를 예쁘게 그려 넣었다. 물고기 가족들이 어디 가냐고 했더니 세상 밖으로 간다고 하였다. 세상 밖은 어떤 곳이냐고 했더니 편안한 곳이라고 하였다. 그래서 모두 행복해 하고 있다고 하였다. 그중에서도 자신이 가장 즐거워하고 있다고 표현하였다.
- 효 과: 미술에 대해서는 거부감이 없이 치료자가 지시하는 대로 흔쾌히 잘 따라 하는 편이었다. 크레파스는 부담이 없는 매체라 내담자가 거부감 없이 색을 다양하게 사용하였다.

자신의 이미지 표현: 바다풍경

② 2회기

- 주 제: 콜라주 활동 - 마음찾기
- 목 표: 현재 자신의 감정과 생각을 파악하고자 한다.
- 매 체: 화지, 잡지, 풀, 가위
- 내 용: 잡지에서 자신의 마음을 찾도록 하였다. 내담자는 옷에 대한 관심을 보였으며, 정장 한 벌과 치마 두 벌을 붙였다. 제일 처음에 골랐던 정장 한 벌 그림을 보며 이 옷은 자신이 나중에 어른이 되어서 입고 싶다고 하였다. 가수가 되어 인기가요 노래 부를 때 입을 거라고 하였다. 이런 스타일을 좋아하냐고 했더니 야한 옷은 싫다고 하였다. 왜 싫으냐고 했더니 자기 스타일이 아니어서 안 좋다고 하였다. 야한 옷은 악마 같고 성숙해 보이지 않으며 거칠고 흥분된다고 하였다. 흥분된다는 표현이 어떤 거냐고 했더니 기분 나빠서 흥분되는 거라고 하였다. 자신의 외모에 관심이 많은 시기라서 그런지 콜라주를 통해 현재의 관심사가 표현되었다.
- 효 과: 콜라주 활동을 통해 내담자의 마음을 자유롭게 표현할 수 있도록 하였다. 내담자는 관심분야에 대해서는 뚜렷하나 좁은 경향이 있었다. 그러나 자신의 감정에 대한 표현은 잘 하는 편이었다. 콜라주는 사진이나 그림을 통해 마음을 찾을 수 있으므로 유익한 활동이었다.

콜라주: 내가 좋아하는 것

③ 3회기

- 주 제: 얼굴표정으로 현재 감정 표현하기
- 목 표: 자신의 현재 감정을 인식하고 표출할 수 있도록 한다.
- 매 체: 화지, 4B연필, 지우개
- 내 용: 마음을 그려보자고 했더니 내담자는 얼굴표정을 4개 그렸다. 첫 번째 얼굴표정은 기쁨이었다. 어떤 점이 기쁘냐고 물었더니 친구들을 많이 만난 거라고 하였다. 두 번째 얼굴표정은 우울이라고 하였다. 어떤 점이 우울하냐고 물었더니 놀랐다고 하며, 오는 길에 고양이가 자기 앞을 지나가서 놀랐다고 하였다. 아마도 내담자는 우울하다는 마음과 놀랐다는 마음에 대한 구분이 명확하지 않은 것 같다. 강아지는 좋아하지만 고양이는 싫어한다고 했는데, 특히 야생고양이는 지저분하다고 하였다. 세 번째 얼굴표정은 슬픔이었다. 어떤 점이 슬프냐고 물었더니 속상할 때라고 하였다. 자신이 공부를 못할 때 속상하다고 하였다. 특히 수학은 어렵다고 하였다. 네 번째 얼굴표정은 분노였다. 어떤 점에서 화가 나냐고 물었더니 열 받을 때라고 했으며, 그림이 잘 안 그려지면 화가 난다고 하였다. 내담자는 감정에 따라 얼굴표정도 다르게 표현했으며 특히 눈썹과 입모양을 다르게 해서 그렸다. 여전히 자신은 엄마, 아빠하고만 산다고 했으며, 계속해서 동생의 존재를 부정했다.
- 효 과: 자신의 감정을 표현할 수 있도록 얼굴표정으로 현재 감정을 인식하는 활동을 하였다. 내담자는 먼저 활동을 시작하려는 적극성을 보였으며, 자신의 감정을 잘 표현하는 편이었다. 특히 연필로 자유롭게 얼굴을 그려나가는 것을 선호하였다.

얼굴표정으로 현재 감정 표현: 나의 4가지 감정

④ 4회기

- 주 제: 손 본뜨기 활동 – 자신의 장점과 단점
- 목 표: 자신의 장점과 단점을 인식할 수 있도록 한다.
- 매 체: 화지, 크레파스, 사인펜, 색연필
- 내 용: 손 본뜨기를 통해서 자신의 장점과 단점을 표현해 보기로 하였다. 내담자는 자신의 좋은 점을 조용하고 총명하다고 적었다. 좋은 점을 표현한 손에만 연주황색으로 색칠을 하였다. 자신의 나쁜 점은 입술 뜯기와 트림하기라고 하였다. 엄마가 원하듯이 자신도 단점에 대해서는 고치고 싶어 하였다. 그러더니 자신은 엄마가 세상에서 제일 좋다고 하였다.
- 효 과: 내담자는 사인펜, 크레파스, 색연필을 사용하여 표현하였으며 자신의 장점과 단점에 대해서도 잘 인식하고 있었다. 내담자는 엄마에 대해서 긍정적인 감정을 가지고 있음을 알 수 있었다. 그러나 여전히 동생에 대해서는 언급하지 않았다.

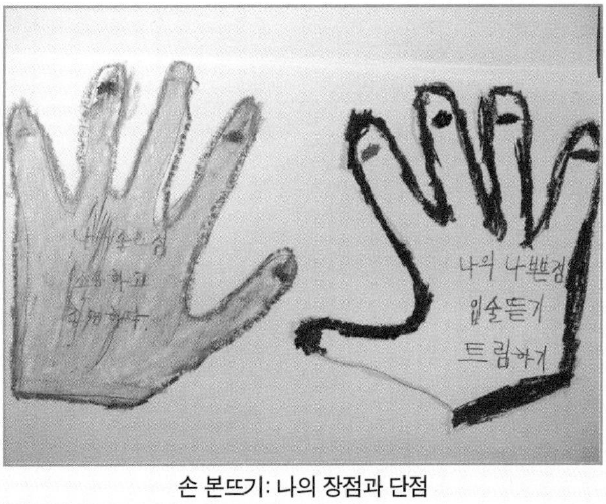

손 본뜨기: 나의 장점과 단점

⑤ 5회기

- 주 제: 가족을 상징적으로 표현하기
- 목 표: 가족에 대한 느낌과 이미지를 파악하고자 한다.
- 매 체: 상징 표현지, 4B연필, 지우개
- 내 용: 자신을 동물로 표현하면 토끼 같다고 했는데 그 이유는 귀여워서라고 하였다. 아빠는 고양이라고 했으며 고양이는 할퀴고 생선을 좋아해서라고 하였다. 엄마는 예쁜 말로 표현하였다. 엄마가 결혼하는 모습 같다고 했더니 그렇다고 하며 자신은 연예인과 결혼하고 싶다고 하였다. 자신을 색으로 표현하면 빨간색이기 때문이라고 했으며, 그 이유는 입술 색깔이 빨간색이기 때문이라고 하였다. 아빠는 왜 초록색으로 했냐고 했더니 모르겠다고 하였다. 엄마를 노란색으로 표현한 이유는 얼굴 모습이 병아리를 닮아서라고 하였다. 자신은 감촉으로 표현하면 휴지 같다고 했으며 이유는 촉촉하니까라고 하였다. 아빠는 컵이라고 하였으며 커피를 좋아해서라고 하였고, 엄마는 사탕이라고 하였으며 그 이유는 달기 때문이라고 하였다.
- 효 과: 동생을 부정하는 마음을 표현하게 하기 위해 가족을 상징적으로 나타내 보게 하였다. 이번 회기에는 내담자가 먼저 집단따돌림을 당했을 때 힘들었던 얘기를 꺼냈다. 내담자는 형제가 없냐고 물었더니 없다고 대답했다. 동생에 대해서는 여전히 완강하게 거부하는 모습을 보였다.

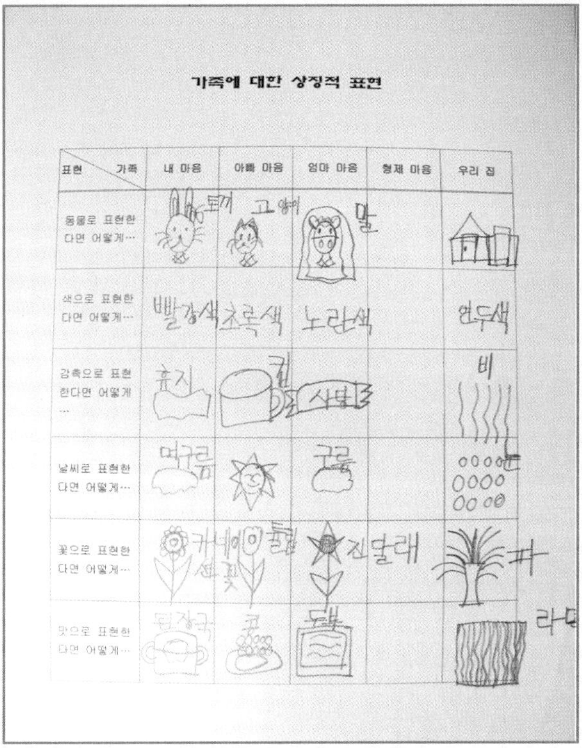

가족에 대한 상징적 표현

표현 \ 가족	내 마음	아빠 마음	엄마 마음	형제 마음	우리 집
동물로 표현한다면 어떻게…	토끼	고양이	말		
색으로 표현한다면 어떻게…	빨강색	초록색	노란색		연두색
감촉으로 표현한다면 어떻게…	휴지	컵	사탕		비
날씨로 표현한다면 어떻게…	먹구름		구름		
꽃으로 표현한다면 어떻게…	카네이션	튤립	진달래		
맛으로 표현한다면 어떻게…	된장국				

가족을 상징적으로 표현하기

⑥ 6회기

- 주 제: 동물가족화
- 목 표: 가족 간의 관계인식을 돕고자 한다.
- 매 체: 화지, 가위, 풀, 동물 문양지
- 내 용: 동생에 대해서는 여전히 부정하는 감정을 보여 동물가족화를 실시하였다. 먼저 자신을 토끼로 표현했는데 귀여워서라고 하였다. 엄마는 고양이로 표현했으며 역시 귀여워서 고양이로 표현했다고 했다. 엄마는 예뻐 보인다고 했다. 아빠는 까마귀로 표현했으며 몸이 까맣기 때문에 그렇다고 하였다. 이번 회기에는 그동안 표현하지 않았던 동생을 비둘기로 나타냈고 얼굴이 검정색이라서 그렇게 표현했다고 하였다. 자신의 동생이라는 사실을 부정하는 마음이 아닌가 싶었다. 그렇지만 이번 회기부터 동생을 표현했다는 사실은 심리적 변화를 보인 것으로 여겨진다.
- 효 과: 동물가족화를 통해 가족관계 및 동생에 대한 부정적인 마음을 표출할 수 있도록 하였다. 이번 회기에서의 큰 변화는 동생을 표현하기 시작했다는 점이다. 직접 가족을 그리기보다는 동물 문양지로 가족을 표현하는 것이 수월해서인지 가족에 대한 탐색이 잘 이루어졌다.

동물가족화: 우리 가족

⑦ 7회기

- 주 제: 빗속의 사람 그리기
- 목 표: 현재 자신의 스트레스 정도를 파악하고 스트레스를 해소시켜 주고자 한다.
- 매 체: 화지, 4B연필, 지우개
- 내 용: 학교에서 친구와의 관계에 문제가 발생하여 내담자의 마음 안에 있는 스트레스를 파악하고 해소하고자 빗속의 사람 그리기를 하였다. 처음부터 비를 화지의 윗부분부터 시작해서 몇 가닥을 아래로 그었다. 비를 그린 다음 왼편에 사람을 그렸으며, 무엇을 하고 있냐고 했더니 사람인데 힘이 없다고 했다. 통 속에 갇혀 있으며 3일 동안 굶었기 때문에 배가 고프다고 하였다. 힘없는 사람의 모습이 마치 내담자 자신처럼 여겨졌다. 그 다음은 머리를 풀어 헤친 사람을 그렸으며, 연이어 그 옆에 특히 손과 발이 큰 사람을 그렸다. 살찐 사람이며 손이 커서 사람을 한 대 때린다고 하였다. 맞은 사람은 어떻겠냐고 물었더니 "아프겠지요."라고만 하였다. 통 속에 있는 사람을 때렸다고 하였으며, 맞은 사람이 잘못을 했냐고 물었더니 잘못 한 것은 없다고 했다. 그리고 가장 먼저 그렸던 옆사람은 이 사람의 부하라고 하였다. 그러더니 할머니를 그렸으며 비실비실하고 약해 빠졌다고 하였다. 이 통 속의 사람이 할머니의 손녀이며 할머니는 손녀가 어디 간지도 모르고 기다리고 있다고 말했다. 다음 사람은 여자인데 어디 가려고 하는 중인데 어디 가는지는 모르며 할머니와 이 여자는 서로 모르는 사이라고 하였다. 또 여자라며 한 사람을 더 그렸는데 이번엔 꼬마라고 하였다. 나가려고 준비하는 중이며 사람들을 해치려 한다고 하였다. 이 사람은 화가 났는데 사람들이 자기보다 더 예뻐서 그렇다고 하였다. 마지막

으로 한 사람을 더 그려 넣어 누구냐고 물었더니 예뻐서 꼬마가 해치려고 하여 달아나는 사람이라고 했다. 다 그린 7명 중에 마지막에 그린 사람이 자신이라고 하였다.

• 효 과: 내담자는 그림을 그리는 솜씨가 있으며 그림 그리는 것을 즐기는 편이다. 그래서 그림을 그리면서도 이야기를 만들어 계속해서 그려 나갔다. 학교에서의 스트레스로 인해 그림 속에서도 누군가가 괴롭히거나 괴롭힘을 당한다든지, 무기 같은 것을 들고 있다거나 상처가 났다든지 하는 등의 표현을 하였다. 이런 표현들이 내담자의 마음을 잘 대변해 주는 것이 아닌가 싶다. 내담자는 심리적으로는 어느 정도 안정이 되었으나, 여전히 사회성 부족으로 인해 사람들과 관계 맺는 부분에 대해서는 어려움이 있다.

빗속의 사람

⑧ 8회기

- 주 제: 자유화
- 목 표: 주제 없이 자유롭게 표현해 봄으로써 현재 자신의 감정을 인식시켜 주고자 한다.
- 매 체: 화지, 4B연필, 지우개
- 내 용: 동생과 싸우는 모습을 그리겠다고 하며 그림에 대한 설명을 하였다. 그림 속의 자신은 막 화가 났다고 했다. 동생을 데리고 장난치고 있으며 가혹하게 대한다고 하였다. 엄마는 옆에서 화가 나서 둘 다 잘못했다고 말하는 중이라고 했으며 자신은 동생이 마음에 안 든다고 하였다. 남동생이라 마음에 안 들고 여동생이면 좋겠다고 하였다. 다른 종이에는 친구들을 그렸다. 첫 번째 친구는 웃고 서 있으며, 두 번째 친구는 붕대를 감고 있는 사이로 손이 튀어나와 있다고 하였다. 세 번째 친구는 손 모양이 이상하다고 하였다. 처음에는 팔과 손이 없다고 했다가 팔은 있는데 손가락이 두 개밖에 없다고 하면서 불쌍하다고 하였다. 네 번째 친구는 웃고 있으며, 다섯 번째 친구는 통통하다고 하였다. 여섯 번째 친구는 외계인인데 사람으로 변장해 있다고 하였으며, 착한 외계인이라고 하였다. 어떤 사람이 자신인 것 같냐고 했더니 네 번째 사람이라고 하였다. 머리가 길어서 제일 마음에 든다며 한 장 더 그리고 싶다고 하더니, 세 번째 화지에는 좀전에 그린 외계인의 모습은 이럴 것이라고 하면서 그렸다. 아마도 이 외계인은 미용사일 거라고 하였다. 그리고 오른쪽에는 이 외계인의 팬들이라고 하면서 밝게 웃고 있는 사람을 다섯 명 정도 그렸다. 이 그림에서 외계인으로 표현한 것이 자신의 모습인 것 같다고 하였다. 사람들에게 주목받고 싶은 마음의 표현으로 보인다.

• 효 과: 자신이 먼저 동생과 싸우는 모습을 그리고 싶다고 해서 자유롭게 그렸으며, 친구들도 그려보고 싶다고 했다. 지난 회기에는 특수반 선생님이 적어주신 알림장 내용 때문에 내담자의 심리 상태가 불안정했지만 내담자가 자신의 잘못을 알고 행동에 변화가 왔다는 점에서 조금씩 안정되고 좋아지고 있다. 그러나 여전히 그림에서는 붕대감고 있는 사람 등의 특수한 그림들을 표현한다. 내담자는 이야기를 하면서 그 내용을 연필로 자유롭게 표현하는 것을 좋아하였다.

자유화

⑨ 9회기

- 주 제: 미운 친구 표현한 종이 찢기
- 목 표: 분노표출과 해소를 통해 자신의 심리적 안정을 돕는다.
- 매 체: 화지, 크레파스, 4B연필, 지우개
- 내 용: 학교에서 짝꿍이 바뀌었는데 자기한테 욕을 했다고 하며 말은 하지 않았지만 속으로 속상하고 화가 나고 황당했다고 한다. 내담자는 자신의 감정에 대해서는 인식을 잘하는 편이었다. 속상한 마음을 풀어주기 위해 미운 두 친구를 그려 보라고 했으며 크레파스로 마음껏 풀라고 했다. "상황 파악을 못하는 것 같아요. 생각도 없고, 머리가 터질 것 같아요. 가만히 둘 수 없어요. 그렇지만 내가 입만 다물고 있으면 돼요." 라고 했다. 그리고 "미치겠어요. 어떻게 해야 될지 모르겠어요." 라고도 하였다. 하고 싶은 얘기를 마음껏 하게 했지만 그래도 풀리는 것 같지 않아서 종이를 가지고 세로로 찢어보게 하였다. 내담자는 종이를 찢으면서 "이렇게 해서 풀렸으면 좋겠어요."라고 하였다.
- 효 과: 이번 회기에는 분노표출을 위해 크레파스로 마음껏 표현하게 했으며 종이를 찢어 보면서 분노가 많이 표출되고 정서적으로도 안정이 되었다.

미운 친구 표현

⑩ 10회기

- 주 제: 다리 위의 사람들
- 목 표: 또래관계에서 오는 두려움을 파악하고, 그것을 표출하고자 한다.
- 매 체: 4B연필, 지우개, 화지
- 내 용: 짝꿍과는 괜찮냐고 물었더니 친하게 지내지는 않지만 그런대로 나쁘지 않다고 했다. 다리 위의 사람들을 그려 보자고 했더니 다른 회기와는 달리 머뭇거리면서 "생각하고 있어요."라고 대답했다. 첫 번째 그려진 사람은 크게 웃는 모습을 하고 있으며 걷고 있다고 했다. 두 번째 그려진 사람은 비틀어졌다고 했으며 다리도 가늘다고 하였다. 세 번째 그려진 사람은 머리가 매우 길다고 했으며 아주 크게 그렸다. 천사이며 날개를 펴고 있다고 하였다. 네 번째 그려진 사람은 악마라고 했으며, "한 번 그려 볼게요." 하며 그렸다. 이 악마는 천사를 싫어한다고 했으며, 천사를 괴롭히는 도구를 손에 들고 있다고 하였다.
- 효 과: 자신이 선호하는 매체인 연필을 통해 두려움과 관련된 것들을 표현해 보면서 자신의 두려움을 인식하고 표출시키는 데 도움이 되었다.

다리 위의 사람들

⑪ 11회기

• 주 제: 좋아하는 사람과 싫어하는 사람
• 목 표: 자신이 좋아하는 사람과 싫어하는 사람에 대해 표현을 해보고, 그 이유를 탐색해 봄으로써 자신의 대인관계를 인식시키고자 한다.
• 매 체: 화지, 색종이, 가위, 풀, 4B연필, 지우개
• 내 용: 자신이 좋아하거나 사랑하는 사람을 색종이로 표현해 보도록 하였다. 좋아하는 사람으로는 나, 엄마, 외사촌동생들을 그려서 오려 붙였다. 내담자와 엄마는 밝은 표정으로 표현했으며, 외사촌동생 중 한 명은 어려서 잘 울기 때문에 우는 표정을 그렸고, 다른 한 명은 웃는 표정으로 그렸다. 남동생도 있지 않냐고 했더니 여동생들이 더 예쁘다고 하였다. 다음으로 자신이 싫어하는 사람을 표현해 보도록 하였다. 자신을 한가운데 제일 먼저 그렸으며, 왼쪽 옆에는 친구 세 명을 그렸으나 자신을 비웃고 괴롭히는 친구들이라고 하였다. 표정들도 모두 자신을 비웃는 것처럼 표현하였다. 왼쪽에는 친구 두 명을 그렸는데 착한 친구들이라고 하였다. 그런데 나쁜 친구들 때문에 자신이 속상하다고 하였다. 다 그린 후에는 자신으로 표현한 사람에게 원을 돌리면서 그림을 겹쳐서 그렸다.
• 효 과: 내담자는 색종이로 자신이 좋아하는 사람을 잘 표현했으며 연필로는 여전히 친구들 속에서 놀림 당하는 자신의 모습을 표현하고 있다.

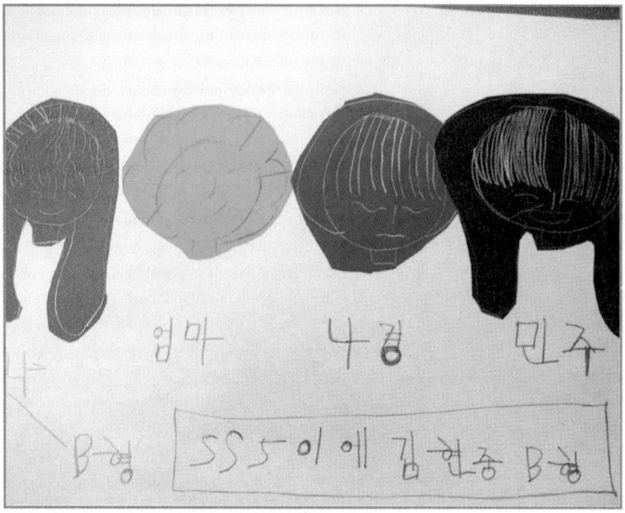

좋아하는 사람

싫어하는 사람

⑫ 12회기

- 주 제: 달걀화
- 목 표: 자신의 바람과 욕구를 파악하고자 한다.
- 매 체: 화지, 크레파스, 4B연필, 지우개
- 내 용: 달걀화를 통해 내담자가 하고 싶은 것은 무엇인지, 바람이나 욕구가 무엇인지를 표현해 보도록 하는 활동을 하였다. 달걀껍질이 깨지고 그 안에서 무엇이 나왔으면 좋겠냐고 했더니 자신을 아주 예쁘게 표현하더니 연예인과 사랑을 나누고 싶다고 적었다. 내담자는 전체 회기를 통해 보면 연예인을 매우 동경하고 있었다. 한 장 더 그리고 싶다고 하더니 과일들을 그리고는 그 안에 자신의 소원을 적기 시작하였다. 연예인과 살고 싶어 하는 것과 여러 나라를 여행하고 싶다는 것을 적었다.
- 효 과: 자신이 가장 좋아하는 매체인 크레파스와 연필로 자신의 소망과 욕구를 잘 표현하였다. 자신의 소망을 인식하게 되면서 매우 즐거워하였다.

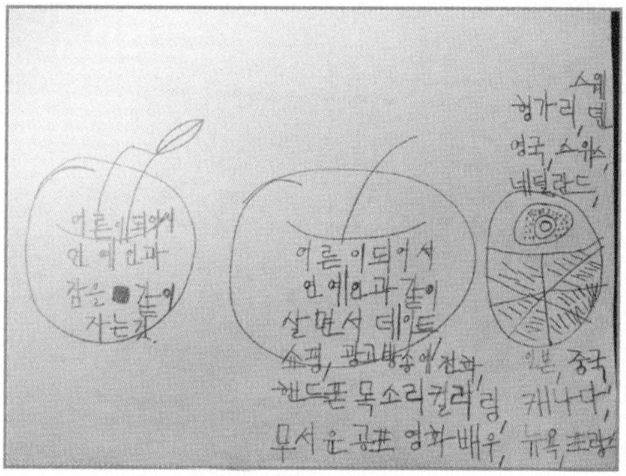

달걀화

⑬ 13회기

- 주 제: 지점토 활동
- 목 표: 내면의 감정과 느낌을 통찰할 수 있도록 한다.
- 매 체: 화지, 지점토, 색종이, 크레파스, 가위, 풀, 4B연필, 지우개
- 내 용: 지점토로 자유롭게 표현해 보고 싶은 것을 만들 수 있도록 하였다. 크게 4개로 나누더니 케이크를 만들어 보고 싶다고 했다. 4등분한 것을 그냥 차례대로 겹쳐서 올렸다. 초를 만들고 싶어 하며 제일 위에 올려놓은 것을 몇 등분하더니 초를 만들어서 붙였다. 남은 지점토로는 피자를 만들어야겠다고 하며 신나게 표현하였다. 내담자는 연필로는 세밀한 작업이 가능했지만 지점토로 세밀한 작업을 하는 것은 어려워하였다. 케이크는 누구에게 주고 싶으며, 누구를 축하해 주고 싶냐고 했더니 엄마에게 드리고 싶다고 하였다. 그러더니 엄마에게 편지를 적어보고 싶다고 하였다. 종이를 카드처럼 반으로 접어줬더니 겉에는 '사랑하는 부모님께' 라고 적고 안에는 엄마에게 보내는 편지를 썼다. 색종이와 크레파스로 카드의 나머지 부분도 꾸몄다.
- 효 과: 다양한 매체로 자신이 표현하고자 하는 것들을 자유롭게 표현하게 함으로써 자신의 생각과 느낌이 잘 드러날 수 있었다.

지점토 활동: 케이크

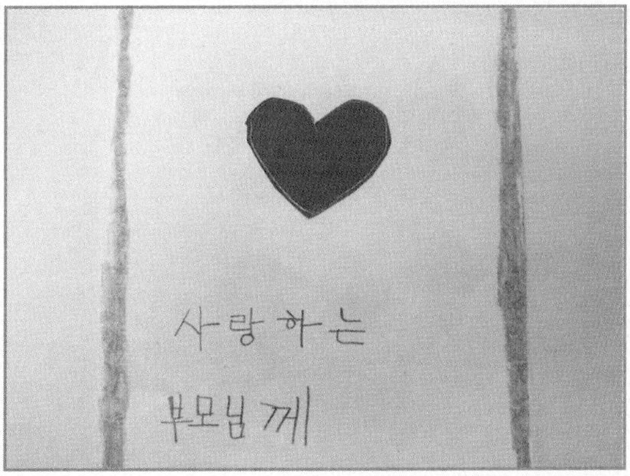

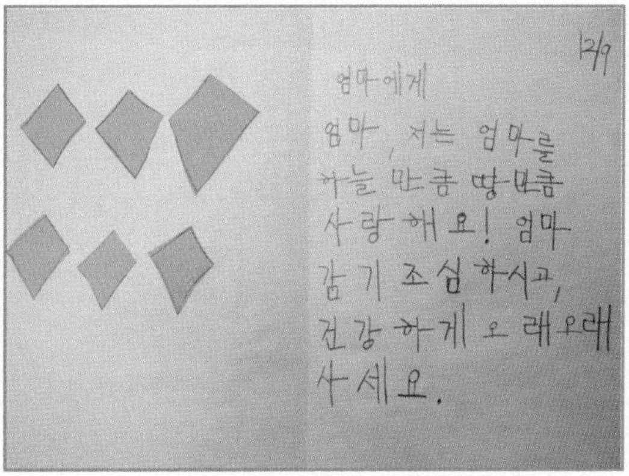

부모님에게 쓴 편지

2. 집단미술치료

사례 1 부적응 행동 유아를 위한 집단미술치료

(1) 내담자

• 위축 · 불안 · 의존과 같은 부적응이 있는 5세 유아 5명

내담자	나 이	성 별	가족관계	특 성
A	5세	남	부모, 2남 중 차남	집중력은 있으나 매우 위축되어 있고 불안을 많이 느낌
B	5세	남	부모, 2남 중 차남	쉽게 눈치보고 위축되며 자신의 의사를 거의 표현하지 못함
C	5세	여	부모, 2녀 중 장녀	쉽게 우울해지고 불안을 잘 느끼며, 감정 기복이 심함
D	5세	여	부모, 2녀 중 장녀	눈치를 잘 보고 의존을 많이 하는 편이며, 변화에 대한 불안이 매우 심함
E	5세	여	부모, 2녀 중 차녀	사회성이 부족하고 항상 자신감이 없으며, 상황에 따라 장난이 심하며 산만한 행동을 보임

(2) 회기별 프로그램

표 4-2 프로그램

단계	회기	주제	활동목표	활동내용
자기 인식 단계	1	감정 표현	유아의 현재 감정과 그 원인을 함께 찾아 유아에게 내재된 감정을 해소시켜 줌으로써 자기인식을 돕는다.	현재 또는 최근의 기분이나 감정을 생각하도록 하여 가장 대표적인 감정을 얼굴표정으로 표현하도록 한다.
	2	난화 게임	그림 속에 숨은 자신의 마음을 찾도록 하고 표출하게 함으로써 자기인식을 돕는다.	난화를 제시하고, 그 난화를 이용하여 떠오르는 이미지를 자유롭게 형상화하여 그리도록 한다.
	3	콜라주	자신이 무엇을 좋아하고 있는지, 무엇을 싫어하고 있는지를 파악하게 함으로써 자기인식을 돕는다.	잡지를 이용하여 자신이 좋아하는 모습과 자신이 싫어하는 모습을 표현하도록 한다.
	4	나의 이미지 표현	스스로 생각하고 있는 자신의 이미지를 표현해 보도록 함으로써 자신에 대한 이해와 인식을 돕는다.	자신에 관한 것을 떠올리게 한 후 한 가지 이미지를 색종이로 만들거나 그려서 표현한다. 그런 다음 만든 것을 함께 붙이도록 한다.
타인 인식 단계	5	동물 가족화	동물가족화를 통해 유아가 가족에 대한 자각과 가족구성원들과의 관계를 인식해 볼 수 있도록 돕는다.	가족의 특성을 나타내는 동물그림을 오려 붙이고, 왜 그 동물이 그 가족구성원과 닮았는지를 이야기한다.
	6	9분할 통합 회화법	자신의 감정과 심리적 갈등의 주요 대상을 이해하며 보다 긍정적인 관계를 가지도록 하고 유아가 자신의 가족에 대한 인식을 할 수 있도록 돕는다.	자신의 가족에 대한 여러 가지 상징물들을 떠올리게 해서 9분할된 용지에 표현하도록 한다.
	7	손 본뜨기	유아간 친밀감 형성과 또래관계를 증진시켜 줌으로써 또래에 대한 인식을 할 수 있도록 돕는다.	친구의 양손을 본뜨고, 원하는 색으로 색칠을 하도록 한다.
	8	컬러믹스 표현	유아가 타인에 대한 상호작용을 알게 하고 타인에 대한 관계 형성에 도움을 줌으로써 타인에 대한 인식을 돕는다.	컬러믹스를 이용해서 타인에게 받고 싶은 선물과 주고 싶은 선물을 표현해 보도록 한다.

자기 조절 단계	9	만다라 표현	유아의 심리적인 안정과 감정 조절 및 통제를 할 수 있도록 돕는다.	몇 가지 만다라 문양을 보여주고 원하는 것을 찾아서 색칠을 자유롭게 하도록 한다. 그런 다음 오려서 검은 색지에 붙이도록 한다.
	10	한지 표현	유아 자신에 대한 감정조절과 통제 능력을 길러줄 수 있도록 돕는다.	색깔별로 네모나게 잘라 둔 한지를 이용해서 원하는 형태를 표현해 보도록 한다.
	11	찰흙 표현	유아의 심리적인 긴장을 줄이며 자신의 감정을 조절하고 통제할 수 있도록 돕는다.	찰흙을 이용해서 자신이 표현해 보고 싶은 것을 무엇이든 마음껏 만들어 보도록 한다.
	12	자유화	유아가 표현한 내용을 통해 유아의 생각이나 감정 상태를 파악하고 자신의 감정을 조절할 수 있도록 돕는다.	자유롭게 자신이 원하는 그림을 그리도록 한다.
타인 조절 단계	13	협동화	타인에 대한 정서조절뿐만 아니라 친밀감을 형성하도록 하여 대인관계 능력을 키울 수 있도록 돕는다.	원하는 한 가지 크레파스를 선택하도록 한 후, 그림을 간단하게 그려서 오른쪽으로 그림을 돌려 다함께 이어 그리도록 한다.
	14	친구의 이미지 표현	타인 즉, 또래에 대한 인식을 통해 타인에 대한 감정의 조절과 통제를 돕는다.	친구의 이미지를 떠올리게 한 후 색종이로 만들거나 그려서 표현하도록 한다.
	15	집단 벽화	유아의 자유로운 감정 표출과 타인과의 관계 인식을 통해 타인에 대한 정서 조절을 돕는다.	벽에 전지를 붙여 두고 함께 그리고 싶은 것을 마음껏 표현해 보도록 한다.
	16	신체 본뜨기	자신 및 타인의 신체에 대한 소중함을 알게 할 뿐만 아니라 타인에 대한 인식을 통해 타인에 대한 감정 조절과 통제를 돕는다.	유아 각각의 신체 부위를 본떠서 한 사람의 신체를 만든 후, 자유롭게 꾸미기를 한다.

① 1~4회기

- 주 제: 감정 표현, 난화게임, 콜라주, 나의 이미지 표현
- 목 표: 자신의 내부에서 느끼는 감정과 기분을 정확하게 인식하고 그 감정이나 기분에 대한 생각을 알 수 있도록 돕는다.
- 매 체: 화지, 4B연필, 지우개, 크레파스, 잡지, 가위, 풀
- 내 용: 1회기에는 현재 감정을 얼굴표정으로 표현하게 하였으며, 2회기에는 난화선을 제시하고 떠오르는 이미지를 그리도록 하여 숨은 자신의 마음을 찾을 수 있도록 도왔다. 3회기에는 콜라주를 이용해서 자신이 좋아하는 것과 싫어하는 것을 표현하도록 하였으며, 4회기에는 자신에 관한 것을 떠올리게 하여 색종이로 만들어서 붙이도록 하였다.
- 효 과: A는 낯선 상황에 대해 불안을 많이 느끼는 상태여서 아주 조심스럽게 활동에 임했다. B는 자신의 감정이나 생각을 잘 표현하지 않는 편이나 난화게임에서 화산이 폭발해서 사람이 도망치고 있으며 나쁜 사람들은 죽어도 된다고 하면서 내재된 분노 감정을 표출시켰다. C는 울거나 슬픈 모습을 많이 표현했으며, 자신의 피부가 검은 것에 대한 열등감이 심했다. D는 활동 시에도 상당히 불안을 느끼며 위축된 상태였으나, 평소에 친구들이 잘 놀아주지 않기 때문에 이런 활동을 함께할 수 있다는 자체를 기뻐했으며 잘 하지는 못했지만 매우 열심히 하였다. E는 상당히 조용하게 하다가도 때로는 매우 산만한 행동을 보였다.

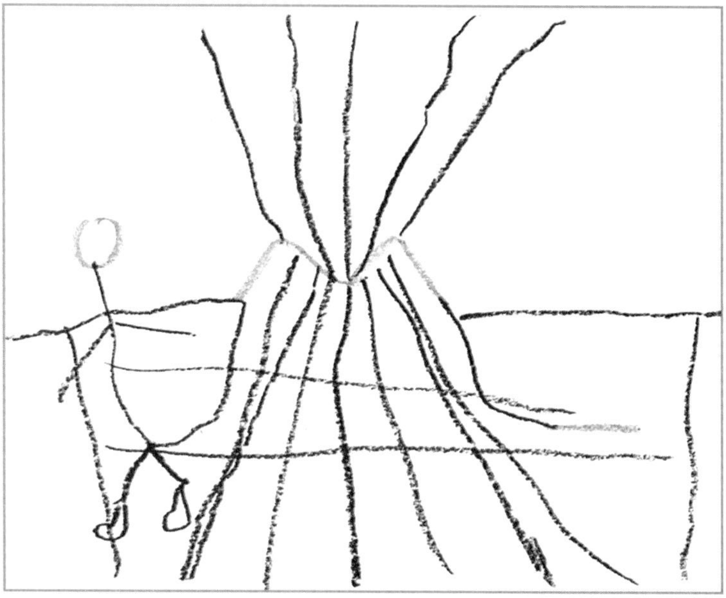

감정 표현(B의 작품)

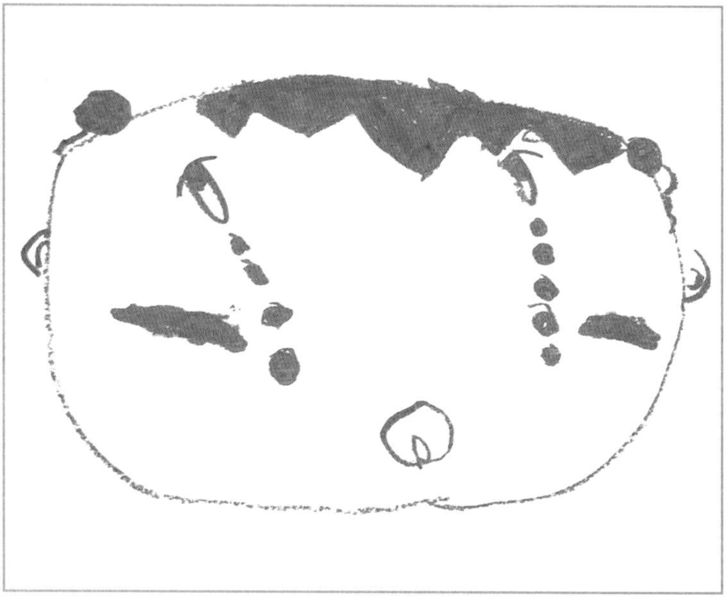

난화게임(C의 작품)

② 5~8회기

- 주 제: 동물가족화, 9분할 통합 회화법, 손 본뜨기, 컬러믹스 표현
- 목 표: 주요 타인에게 느끼는 정서를 이해하며 공감 능력과 감정이입 능력을 키울 수 있도록 돕는다.
- 매 체: A4용지, 컬러믹스, 동물 그림, 풀, 가위, 크레파스
- 내 용: 5회기에는 동물가족화를 표현하도록 하여 가족에 대한 인식을 도왔으며, 6회기에는 9분할 통합 회화법을 실시하여 가족에 대한 여러 가지 이미지를 떠올리게 하여 가족을 구체적이고 통합적으로 파악하고자 하였다. 7회기에는 친구의 양손을 본뜨고, 원하는 색으로 칠하도록 하여 또래에 대한 인식을 도왔으며, 8회기에는 컬러믹스로 타인에게 받고 싶은 선물과 주고 싶은 선물을 표현해 보도록 하였다.
- 효 과: A는 자신을 드러내고 표현하는 것에 대한 두려움을 가지고 있었으나, 활동을 통해 의사소통이 늘어나게 되었다. B는 표현하는 것을 매우 힘들어했지만 조금씩 나아졌으며, 아버지와 형에 대해 부정적인 감정을 표현하였다. C는 컬러믹스로 만든 선물을 친구들에게 주고 싶다고 했으며, 이는 친구들을 무시하던 마음이 없어졌다는 것을 알 수 있었다. D는 불안한 모습이 조금씩 좋아졌으나, 활동할 때에 치료자에게 상당히 의존하려고 하였다. E는 활동을 잘 하다가도 일부러 망쳐버리는 경우가 많았으며, 활동하는 중에도 다루기가 매우 힘든 아이였다.

9분할 통합 회화법(A의 작품)

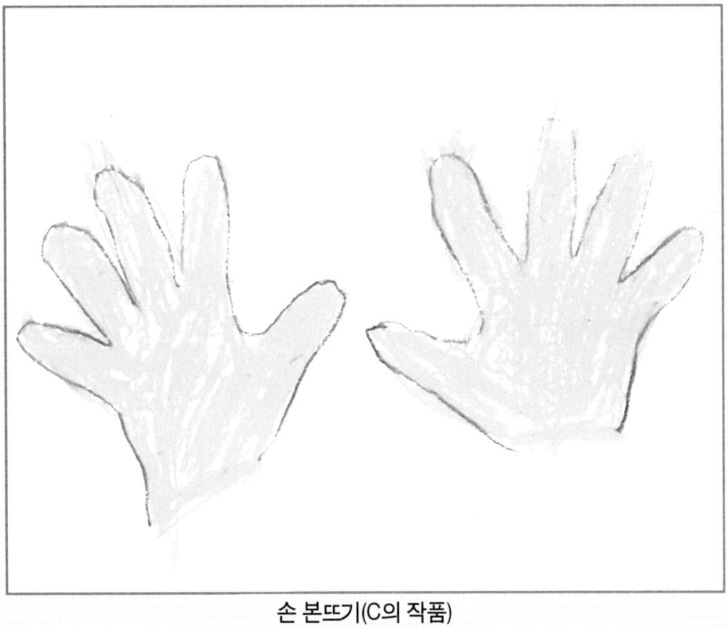

손 본뜨기(C의 작품)

③ 9~12회기

- 주 제: 만다라 표현, 한지 표현, 찰흙 표현, 자유화
- 목 표: 자신의 감정을 적절하게 처리하고 변화시킬 수 있는 능력을 키워 줄 수 있도록 돕는다.
- 매 체: 만다라 문양지, 한지, 찰흙, 크레파스
- 내 용: 9회기에서는 만다라를 통해 심리적인 안정과 감정 조절을 할 수 있도록 도왔으며, 10회기에서는 한지를 통해 원하는 형태를 표현하도록 하여 자기 조절 및 통제 능력을 길러줄 수 있도록 하였다. 11회기에서는 찰흙으로 원하는 것을 만들도록 하여 심리적인 긴장감을 줄일 수 있도록 하였으며, 12회기에서는 자유화를 통해 자신의 감정을 조절할 수 있도록 하였다.
- 효 과: A는 매우 적극적이었으며 자신감이 넘쳤다. B는 표정이 많이 밝아지고 활동에도 더 적극적으로 변화되었으며, 자신의 감정이나 생각을 표현하는 것에 대한 부담감도 줄어들었다. 또한 그동안의 분노와 불안 감정을 많이 발산시켰다. C는 편안하게 활동에 임했으며, 울거나 슬픈 모습은 더 이상 표현하지 않았다. D는 "제가 해 볼게요."라며 치료자에게도 의존하지 않고 스스로 하려고 했으며, 유치원 생활에도 흥미를 가지게 되었다. E는 자신에 대한 감정이나 행동에 대한 조절과 통제가 되었으며, 또래와도 잘 지내고 싶어 했다.

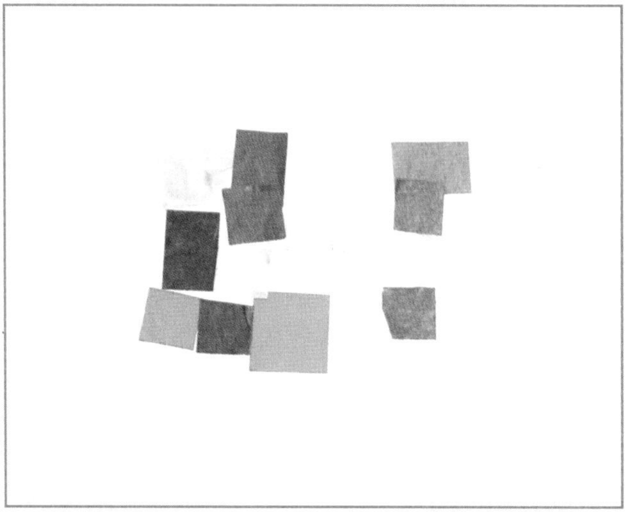

한지 표현(D의 작품)

자유화(E의 작품)

④ 13~16회기

- 주 제: 협동화, 친구의 이미지 표현, 집단 벽화, 신체 본뜨기
- 목 표: 인식된 타인의 감정에 적절히 대처할 수 있는 대인관계 능력을 키울 수 있도록 돕는다.
- 매 체: 전지, 4절지, 크레파스
- 내 용: 13회기에서는 협동화를 통해 타인에 대한 정서 조절뿐만 아니라 친밀감을 형성하도록 하였으며, 14회기에서는 친구의 이미지를 표현하도록 하여 또래에 대한 감정 표출과 더불어 관계 인식을 하도록 도왔다. 15회기에서는 벽에 전지를 붙여 두고 함께 그리고 싶은 것을 마음껏 표현해 볼 수 있도록 집단벽화를 실시하였으며, 16회기에서는 유아 각각의 신체 부위를 본떠서 한 사람의 신체를 만들어 꾸미도록 하여 타인에 대한 조절과 통제를 도왔다.
- 효 과: A는 적극적으로 변화되고, 자신감을 갖게 되면서 자기주장을 하게 되었으며 또래들과도 편하게 어울리게 됨으로써 유치원 적응을 아주 잘하게 되었다. B는 집단 벽화를 하면서 "선생님, 크레파스 부서져도 되죠?"라며 자신의 감정을 충분히 표출하면서 즐거워하였다. C는 자신이 좋아하는 빨간색을 선택해서 친구들의 그림을 예쁘게 그려 주었으며 친구를 표현할 때도 자신이 좋아하는 별을 정성스럽게 붙여주면서 아주 기뻐하였다. D는 다른 친구를 배려하느라 제대로 표현하지 못한 면도 있었지만 끝까지 열심히 활동에 임했다. E는 친구들에게 양보하는 모습도 보였으며 신체 본뜨기를 할 때도 색칠을 아주 정성스럽게 하였다.

집단 벽화

신체 본뜨기 하는 모습

신체 본뜨기

사례 2 저소득가정 아동의 자아존중감 향상을 위한 집단미술치료

(1) 내담자

• 자아존중감이 낮은 아동 5명

내담자	나 이	성 별	가족관계	특 성
A	10세	남	모, 3남 중 장남	산만하고 공격적인 성향이 강함
B	10세	남	부모, 1남 1녀 중 장남	활발하고 적극적이나 마음에 들지 않는 친구들을 집단따돌림 시키는 경향이 있음
C	10세	남	모, 외동	발달장애 아동으로 약간 공격적임
D	11세	남	모, 외동	발달장애 아동으로 대인관계가 원만하지 않아 학교에서 집단따돌림을 당하고 있음
E	10세	여	모, 2녀 중 장녀	학교에서 집단따돌림을 당하고 있으며 동생에게 피해의식이 있음

(2) 회기별 프로그램

표 4-3 | 프로그램

단계	회기	주제	활동내용
초기단계	1	동물가면 만들기	자신이 좋아하는 동물을 가면으로 꾸며서 쓰고 소개한다.
	2	푸드아트 세라피로 자기소개하기	식빵과 여러 가지 초코볼 등을 이용하여 자신의 얼굴을 표현하고 자기소개의 시간을 갖는다.
	3	자기 PR광고 만들기	잡지를 이용해 자신의 장점을 부각시키는 광고를 만든다.
	4	남이 보는 나, 내가 보는 나	자신의 외면과 내면의 모습을 알고 자신을 재정립한다.
중기단계	5	나의 역사책 만들기	책 만들기를 통해 흥미를 유발하고 자신에 대해 생각하는 시간을 갖는다.
	6	밀가루찰흙으로 스트레스 날리기	인체에 무해한 밀가루찰흙을 이용해 자유로운 표현활동을 한다.
	7	신문지 놀이로 스트레스 날리기	신문지를 찢어 마구 날려 쌓아두고 위에서 뒹굴어 본 후 느낌을 표현한다.
	8	감정상자 놀이	감정의 다양한 종류를 알고 자신들의 감정에 대해 서로 이야기 나눈다.
	9	만다라로 감정 정화시키기	만다라를 채색하고 액자로 만들어 본다.
	10	집단사포그림	여러 장의 사포에 퍼즐형식으로 전체 큰 밑그림을 그린 후 각자가 꾸미고 표현한 것을 모아 하나의 그림으로 완성한다.
	11	협동화	집단원들과 함께 과일바구니를 꾸며서 선물하고 싶은 대상에 대해 이야기 나눈다.
	12	집단체계진단	집단원이 함께 무언의 그림을 그리면서 타인을 존중하는 법을 익힌다.
종결단계	13	꿈나무	전체 집단원들과 함께 나무를 꾸미고 각자의 꿈과 희망을 쓴 열매를 달아본다.
	14	동굴화	동굴의 안쪽에서 봤을 때 원하는 바깥세상을 상상하여 그림으로 표현한다.
	15	나만의 티셔츠 꾸미기	염색물감을 이용하여 자신의 티셔츠를 꾸며본다.

① 1회기

- 주 제: 동물가면 만들기
- 목 표: 좋아하는 동물가면을 만들어 봄으로써 자신감을 높이고 긍정적인 자아상을 확립한다.
- 매 체: 흰색 마분지, 사인펜, 색연필, 크레파스, 매직, 4B연필, 가위, 고무줄
- 내 용: D는 연필로 그리고 매직으로 진하게 한 번 더 선을 그었다. 색연필을 이용하여 색칠을 하고 가위질을 못한다고 해서 치료자가 스스로 하도록 격려해 주었더니 스스로 하였다. 가면에 눈물을 그려 치료자가 이유를 묻자 맞아서 우는 모습이 생각났다며 토끼가 불쌍하다고 하였다.
- 효 과: 아동들은 회기 초반에는 무엇을 해야 할지 고민하고, 활동 중에도 가위질이나 색칠에 대해 자신 없어 하고 잘못 만들어 망칠 것 같다며 실패에 대해 두려워하였다. 아동들이 활동을 하는 동안 이야기를 들어주고 작품활동에 칭찬을 해주니 아동들의 모습이 밝아졌고 스스로 노력하는 모습을 보였다. D는 현재 토끼처럼 나약하고 힘없는 존재로 위축되어 있는 모습을 그림으로 표현하였다. 말로 표현하기 힘든 자신의 내면을 그림으로 표현함으로써 현재 자신이 느끼는 감정을 탐색하는 계기가 되었다.

동물가면 만들기(D의 작품)

② 2회기

- 주 제: 푸드아트 세라피로 자기소개하기
- 목 표: 푸드아트 세라피로 다양한 표현력과 자신감을 증진시키고 자신의 모습을 표현해 보도록 한다.
- 매 체: 종이접시, 식빵, 비닐장갑, 각종 초코볼, 마시멜로 등 꾸밀 수 있는 과자와 초콜릿, 사탕류
- 내 용: B의 작품제목은 '째려보는 모습' 이다. 동생이 너무 미워 째려보고 있다. 부모님은 동생이 잘못한 일도 자기한테 야단을 치신다며 그럴 때 너무 화가 나고 동생이 얄밉다고 하였다. E는 식빵의 가장자리를 잘라 내어 동그란 얼굴모양을 만들었고 빼빼로로 머리카락을 빽빽하게 표현하였다. 기쁠 때의 모습이라며 자신은 친구를 도와줄 때 기쁘다고 하였다.
- 효 과: B는 자신의 화난 모습을 그려 어떤 상황에서 가장 화가 나는지 자신의 감정을 탐색하는 모습을 보였다. E는 친구들과 잘 지내고 싶은 마음을 표현하였다. 다양한 종류의 과자류를 활용하여 표현해 봄으로써 그림을 그리는 부담감에서 벗어나 자유롭게 표현할 수 있었었다.

푸드아트 세라피(B의 작품)

푸드아트 세라피(E의 작품)

③ 3회기

- **주 제**: 자기 PR광고 만들기
- **목 표**: 자신의 장점을 알고 표현할 수 있도록 한다.
- **매 체**: 8절 도화지, 잡지, 가위, 풀, 사인펜, 네임펜, 매직
- **내 용**: E는 '저는 아기입니다' 라는 제목을 쓴 뒤 아기사진을 붙였다. 예전에 아기일 때의 모습이냐고 했더니 지금 아기처럼 되고 싶다는 말을 하였다. 화면의 오른쪽에는 자신이 좋아하는 음식을 잡지에서 찾아 붙이고, 아래쪽에는 다니고 있는 음악학원이 재미있다면서 사인펜으로 음표들을 그려 넣었다.
- **효 과**: E는 겉으로 보이는 모습은 장녀로서 의젓하고 동생을 챙겨야 하지만 마음속의 어린 아기 같은 내면이 그림으로 표현되었다. 또한, 아기처럼 사랑받고 관심받고 싶어 하는 마음을 드러냈다.

나의 PR광고지(E의 작품)

④ 4회기

- 주 제: 남이 보는 나, 내가 보는 나
- 목 표: 자신이 생각하는 자신의 모습과 타인이 보는 모습을 알고 통합할 수 있으며 다양한 자신의 모습을 수용할 수 있다.
- 매 체: 색도화지, 매직, 크레파스, 사인펜, 네임펜 등
- 내 용: A는 연두색 색지를 고르고, 연필 밑그림 없이 바로 색연필로 찬찬히 그려 나갔다. 글씨는 매직을 이용하여 썼다. '남이 보는 나'는 2살 터울의 동생과 쌍둥이처럼 보인다는 것으로 다른 사람들은 자신과 동생을 혼동하며 똑같아 보인다는 말을 자주 한다고 하였다. 그러나 자신이 보는 모습은 그렇지 않다면서 '내가 보는 나'에는 자신을 동생보다 조금 더 크고 마른 모습으로 그렸다.
- 효 과: A는 동생과 다른 자신의 모습에 대해 탐색해 봄으로써 자신만의 개성과 장점을 생각하는 계기가 되었다. 또한, 그동안 다른 사람들이 동생과 동일시해서 보는 시선이 싫었음을 간접적으로 표현하였다.

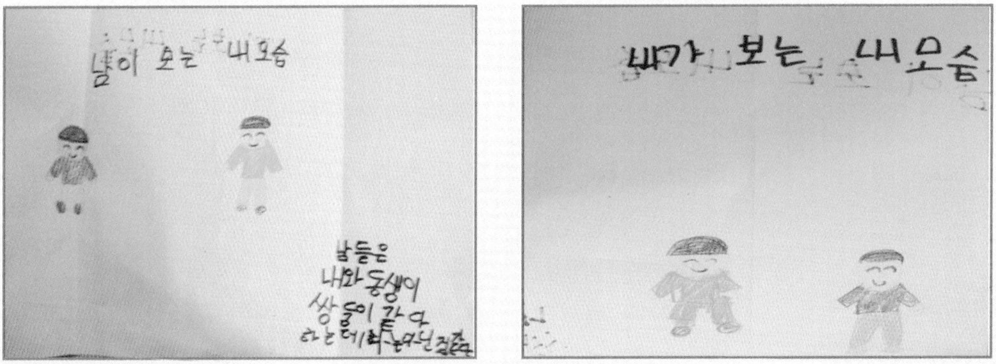

남이 보는 나, 내가 보는 나(A의 작품)

⑤ 5회기

- 주 제: 나의 역사책 만들기
- 목 표: 자신에 대해 탐색하고 자아정체감을 확립한다.
- 매 체: 8절 아이보리색 도화지, 쓰지 않는 아이보리나 흰색 천 1장, 매직, 네임펜, 폼포드지 5×7cm 2장, 5×1cm 1장, 딱풀, 가위
- 내 용: C는 천 전체를 하늘색 매직으로 채색한 후 자신의 장래희망인 경찰이 되고 싶다는 말을 써 넣었다. 책을 완성한 후 목에 걸고 흐뭇해 하였다.
- 효 과: 자신이 직접 책을 만들었다는 점을 뿌듯해 하며 목에 걸고 좋아하였다. C는 평소 집중시간이 매우 짧고 다른 아동들에게 공격적인 모습을 보였으나 이번 회기에 책 만들기를 하면서 높은 집중력을 보였다. 자신의 꿈에 대해 탐색하고 희망을 가지는 모습을 보였다.

나의 역사책 만들기(C의 작품)

⑥ 6회기

- 주 제: 밀가루찰흙으로 스트레스 날리기
- 목 표: 자신의 내재된 감정을 분출하고 자신감과 창의력을 높인다.
- 매 체: 밀가루, 식용유, 물감, 나무젓가락, 신문지, 볼, 물
- 내 용: A는 밀가루로 다양한 색상의 찰흙을 만들어 자신의 모습을 '곰돌이' 로 표현하였다. 겨울이라 날씨가 추워 목도리와 모자를 쓰고 있고 해가 나와서 땀이 난다고도 하였다. D는 가장 먼저 몇 개의 만두들을 만들어 놓고 다 만들었다며 앉아 있었다. 다른 아동들이 만드는 것을 한참 지켜보다가 뒤늦게 다시 컵을 만들며 집중력을 보였다. 제목은 '요리사와 도자기컵' 이라고 하였다. 컵은 여러 가지 색으로 다양하게 말아 올리고 손잡이도 만들어 제법 컵의 모양이 갖추어졌다.
- 효 과: A는 평소 집단에서 매우 공격적이며 산만한 아동이었으나 밀가루찰흙을 반죽하고 주무르면서 높은 집중력을 보였다. 다양한 색의 찰흙으로 만든 자신의 작품에 매우 만족하며 뿌듯해 하였다. D의 경우 밀가루찰흙이 그림활동에 비해 작품의 완성도도 높고 집중력도 더 높아 매우 유용한 시간이 되었다. 다른 집단원들이 잘 만들어진 컵을 보며 칭찬해 주자 매우 뿌듯해 하였다.

밀가루찰흙(A의 작품)

밀가루찰흙(D의 작품)

⑦ 7회기

- 주 제: 신문지 놀이로 스트레스 날리기
- 목 표: 자유로운 신체활동으로 스트레스를 해소하고 자신의 심상을 표현할 수 있다.
- 매 체: 8절 도화지, 신문지, 크레파스, 가위
- 내 용: 신문지를 바닥에 깔고 집단원들이 함께 충분히 놀고 난 뒤 오늘 놀았던 감정을 그림으로 표현하는 활동에서 A는 별똥별을 그리고 "별똥별처럼 집에 가고 싶었어요. 숙제가 남아 있어요."라며 외계인이랑 노는 것 같았다는 말을 덧붙였다. 외계인이랑 노는 것이 어떤 기분이냐는 질문에 "신기하고 신나죠." 라고 하였다.
- 효 과: A는 회기마다 치료자에게 잘 보이기 위해서 적극적으로 정리를 하는 모습을 보였으나 이번 회기에는 편안한 모습으로 돌아가 자신이 하고 싶지 않은 부분은 하지 않고 그림도 편안하게 그렸다. 평소 공격적인 성향을 보이던 A는 신문지를 이용하여 집단원들이 함께 어울려 놀면서 스트레스를 해소하고, 몸놀이를 통해 공격적인 에너지가 긍정적으로 발산되었다. 신문지 놀이가 아동들의 긴장감 해소와 놀이에서의 역할과 규칙을 함께 조율하고 의견을 모으는 과정을 거치며 사회성을 키우는 데 도움이 된 듯하다.

신문지 놀이

별똥별(A의 작품)

⑧ 8회기

• 주 제: 감정상자 놀이
• 목 표: 감정의 다양한 종류를 알고 자신의 감정에 대해 탐색해 보며, 타인의 감정에 대해 공감할 수 있다.
• 매 체: 색종이, 상자, 사인펜, 네임펜
• 내 용: A가 '슬프다' 라는 감정단어를 뽑았다. 매일 엄마가 일하시는 동안 동생들을 돌본다는 이야기를 하자 E도 엄마가 없을 때 슬프고 힘들다고 하였다. A는 동생들을 돌보는 일이 힘들고 엄마와 놀 때 가장 행복하다고 하였다. C는 엄마가 자신과 놀아주지 않고 TV를 보거나 낮잠만 자는 것이 속상하다고 하였다. A는 부모님이 싸울 때 무서웠다고 하며 자신의 부모님은 절대 화해하지 않는다고 하였다.
• 효 과: 아동들은 평소 자신의 감정에 대해 잘 탐색하지 못하고 있다가, 감정단어 뽑기를 통해 다른 아동들과 경험을 나누면서 타인의 감정을 이해하고, 자신의 감정을 통찰하는 계기가 되었다. 아동들은 가족과 관련해 엄마의 부재를 힘들어하고 첫째들의 경우 동생들을 돌보거나 외동인 경우는 혼자서 지내야 하는 것에 외로움과 부담감을 느끼고 있었다. 부모의 이혼으로 함께 살지 않는 부모에 대한 분노와 그리움의 양가감정도 드러냈다.

감정상자 놀이(전체의 작품)

⑨ 9회기

• 주 제: 만다라로 감정 정화하기

• 목 표: 명상을 통해 정서를 안정시킬 수 있고 만다라 채색과 작품 완성으로 성취감을 길러준다.

• 매 체: 만다라 문양지, 하드보드지, 풀, 지끈, 띠 골판지

• 내 용: A는 만다라 문양지에 강한 호기심을 보이며 적극적인 모습을 보였다. 테두리를 사인펜으로 모두 한 번씩 입힌 후 색연필을 이용하여 색을 칠하였다. 띠 골판지로 액자테두리를 만들 때에도 다양한 색을 조화롭게 썼다. 제목을 '무지개꽃' 으로 정하였다. 자신이 그린 무지개꽃이 예뻐서 마음에 든다며 엄마에게 선물하고 싶다고 하였다.

• 효 과: 평소 장난끼가 많고 다른 아동들에게 거친 행동을 하던 A는 이번 만다라 그리기에서 높은 집중력을 보였다. 다양한 색상으로 아동의 잠재되어 있던 표현력과 창의력이 드러났다. 스스로도 매우 만족스러워 하였다.

만다라활동(A의 작품)

⑩ 10회기

• 주 제: 집단사포그림

• 목 표: 새로운 매체를 통해 표현력과 성취감을 느낄 수 있으며 집단활동을 통해 타인에 대한 이해력을 높인다.

• 매 체: 사포, 크레파스, 테이프

• 내 용: 사포를 모아 전체를 나무로 스케치한 뒤 각자 하나씩 나누어 가졌다. 다른 집단원이 어떻게 채색하는지 신경 쓰지 않고 각자 자신이 표현하고 싶은 대로 표현한 뒤 하나의 그림으로 모았다. B는 C가 가진 조각과 자신의 조각에 걸쳐지도록 장수풍뎅이를 그리는 아이디어를 냈고, E는 가을 단풍나무가 좋다며 붉은색 계열로 잎을 채색하였다. 집단원들은 나무만 단순히 채색하지 않고 다양한 곤충들과 꽃을 함께 그렸다.

• 효 과: 아동들은 개인작품을 할 때 신경 쓰지 않아도 되는 다른 아동들의 작품과의 관계성을 생각하게 되었다. 다른 사람을 한 번 더 생각하는 것이 '배려' 임을 알게 되었고, 혼자보다 여럿이 함께 할 때 더 큰 힘이 생긴다는 것을 인식하게 되었다. 서로의 관계성에 대해 생각해 보는 좋은 계기가 되었다. 완성된 사포 퍼즐을 보며 자신들이 힘을 모아 만든 작품에 매우 만족해하며 성취감을 느꼈다.

집단사포그림(전체의 작품)

⑪ 11회기

- 주 제: 협동화
- 목 표: 집단활동으로 타인과의 관계를 개선하고 협동심을 익힌다.
- 매 체: 4절지, A4용지, 과일 문양지, 크레파스, 매직, 사인펜, 지우개, 연필, 풀, 가위
- 내 용: 아동들은 자신이 좋아하는 과일들을 그리거나, 과일 문양지에서 찾아 채색하였다. 접시의 테두리에도 다양한 색을 선택해서 채색하였다. 자신의 과일을 오려 붙일 때 다른 집단원이 붙일 위치를 생각하면서 공간을 비워 두었다.
- 효 과: 자신이 좋아하는 과일을 생각하고 직접 골라 채색하면서 선택의 자율성을 배우고, 함께 접시를 꾸미면서 타인과 협동하는 방식을 배우게 되었다. 또한, 다른 아동이 붙일 공간을 생각하는 등 다른 사람을 배려하는 마음을 가지게 되었다.

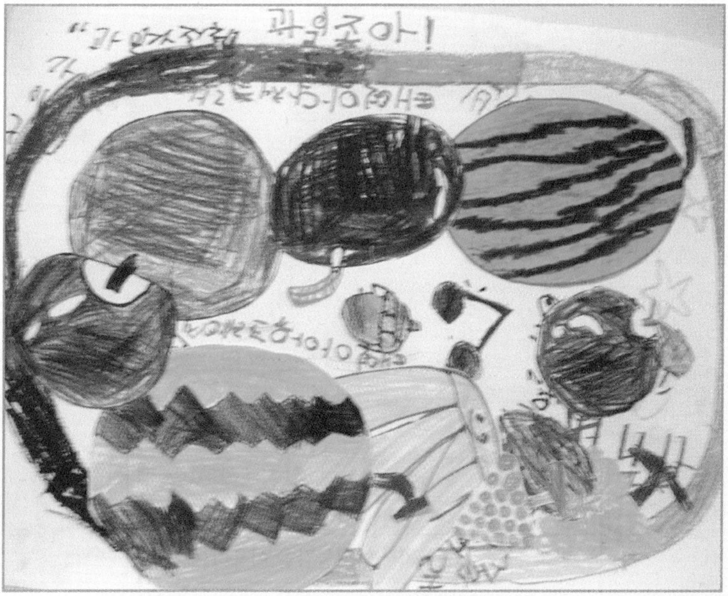

협동화(전체의 작품)

⑫ 12회기

• 주 제: 집단체계진단

• 목 표: 의사소통의 중요성을 인식하고 또래관계를 증진시킨다.

• 매 체: 4절지, 크레파스

• 내 용: 첫 번째 그림은 비언어적 집단화로 하나의 화지에 모든 집단원이 단체 협동화를 그렸다. 처음에는 각자의 영역에서 자신의 그림만 그리다가 B와 E가 자리다툼을 하게 되어 서로의 영역에 낙서를 하면서 모든 집단원이 그림 전체에 낙서를 하였다. 제목은 집단원들이 의논하여 '엉뚱한 나라' 라고 정하였다. 두 번째 그림은 언어적 집단화로 아동들이 무엇을 그릴 것인지 의논한 뒤 각자 그릴 것을 분담하였다. 햄버거가게를 그리기로 하고 자신이 그린 것과 다른 집단원이 그린 것에 색을 칠하거나 꾸며 넣어 주었다.

• 효 과: 비언어적 집단화와 언어적 집단화를 하면서 타인과의 관계에서 언어적, 비언어적 의사소통이 얼마나 중요한지 알게 된 회기였다. 타인의 의견을 수용하고, 자신의 의견을 타인에게 이해시키기 위한 노력의 필요성을 알게 되었다.

비언어적 집단화(전체의 작품)

언어적 집단화(전체의 작품)

⑬ 13회기

• 주 제: 꿈나무
• 목 표: 자신이 바라는 것이 어떤 것들이 있는지 내면을 성찰하고 집단활동으로 협동심과 타인에 대한 이해를 높인다.
• 매 체: 초록 · 빨간색지, 마분지, 잡지, 풀, 가위, 연필, 지우개, 매직, 사인펜, 폼포드지
• 내 용: 전지에 나무를 한 그루 그린 뒤 꿈나무라고 이름을 정해 주었다. 집단원들이 각자 자신이 표현하고 싶은 대로 잎과 열매를 그리고 오렸다. 열매에는 자신의 장래희망과 부모님께 바라는 것, 하고 싶은 것들을 작성하여 나무에 붙였다. 나무 줄기와 가지는 잡지를 찢어 붙였다.
• 효 과: 아동들은 열매에 자신의 희망사항을 적어 붙이면서 자신의 미래에 대한 구체적인 방향을 설정하고, 부모님께 바라는 것들을 탐색하고 원하는 것을 구체화시킬 수 있는 회기였다.

꿈나무(전체의 작품)

⑭ 14회기

- 주 제: 동굴화
- 목 표: 자신의 내면의 욕구를 파악할 수 있도록 한다.
- 매 체: A4용지, 4B연필, 지우개, 크레파스, 사인펜, 매직, 색연필
- 내 용: B는 화지에 연필로 밑그림을 그리고, 크레파스로 채색하여 자신이 미래에 축구선수가 되어 골을 넣는 모습을 그렸다. 축구선수가 되면 멋지겠다고 하였더니 얼굴빛이 어두워지며 아빠가 자신을 이해해 주지 않아 섭섭하고 기분이 나쁘다며 인상을 썼다. C는 연필로 동굴모양을 그리고 색연필로 스핑크스 안에 미라가 누워 있는 모습과 사람이 죽은 뒤 모자만 남아 있는 모습을 표현하였다. 2학년 때 체험학습을 가서 본 것이 생각났다며 자신의 그림이 무섭고 놀라운 느낌이 든다고 하였다. 제목은 '장수동굴' 이라고 하였다.
- 효 과: 떠오르는 이미지를 표현하고 채색하는 과정에서 과거를 회상하거나 미래를 설계하는 계기가 되었다. B는 축구선수가 되고 싶은 자신의 꿈을 표현하면서, 아버지가 원하는 야구선수가 되기 싫은 자신의 마음을 인식하였다. C의 경우 발달장애로서, 자신을 돌아보고 탐색하는 작업이 어렵지만 그림으로 표현하고 이야기를 하면서 자신의 느낌을 인식하게 되었다.

동굴화(B의 작품)

동굴화(C의 작품)

⑮ 15회기

- 주 제: 나만의 티셔츠 꾸미기
- 목 표: 새로운 매체를 통해 표현력과 성취감을 느낄 수 있다.
- 매 체: 흰색 티셔츠, 염색물감, 붓, 물통
- 내 용: 티셔츠에 자신이 좋아하는 그림을 그려 세상에 하나밖에 없는 자신만의 티셔츠를 만들었다. HB연필로 연하게 밑그림을 그린 후 염색물감을 붓에 묻혀 그렸다. 염색물감의 특성상 다소 거친 느낌을 줄 수 있어 여러 번 반복하여 채색하고 물감이 마른 뒤 다림질로 마무리하였다. A는 다양한 날씨를 표현해 보고 싶다고 하면서 특히 맑은 날이 좋다며 표현을 가장 크게 하였다. B는 장래에 축구선수가 되고 싶다며 티셔츠를 축구 유니폼으로 꾸몄다.
- 효 과: 아동들은 자신이 만든 티셔츠를 매우 좋아하고 만족스러워 하였다. B는 학교에도 입고 가고 싶다는 뜻을 조심스럽게 말했고, 다른 아동들도 그 말을 듣고 학교에 입고 가야겠다고 하였다. 자신이 디자인한 세상에 하나밖에 없는 옷이라며 매우 만족스러워 하였고, 활동을 통해 표현력과 성취감을 갖게 되면서 자아존중감도 향상된 회기였다.

티셔츠 꾸미기(A의 작품)

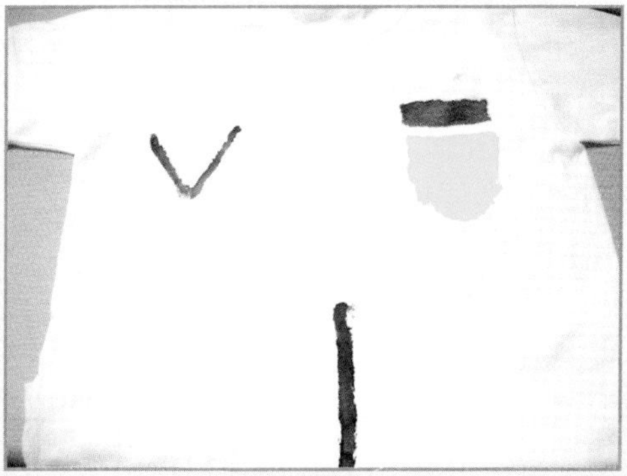
티셔츠 꾸미기(B의 작품)

사례 3 대학생의 행복감 증진을 위한 집단미술치료

(1) 내담자

- 행복감이 낮은 남녀 대학생 8명

(2) 회기별 프로그램

표 4-4 프로그램

단계	회기	주제	활동내용
I 단계	1	동굴화	동굴 모양을 그려서 자신이 동굴 안에서 밖을 바라볼 때 원하는 바깥세상을 표현하기
	2	웅덩이	웅덩이 모양을 그려서 웅덩이에 빠진 자신을 그린 후 웅덩이에 빠져 있는 자신을 구해줄 수 있는 사람들을 표현하기
	3	중요한 항아리	항아리의 크기나 모양을 자유롭게 세 개 그린 후 매우 중요한 것, 중요한 것, 중요하지 않는 것을 파악해서 적기
	4	인생의 중요한 세 사람	살아오면서 자신에게 중요한 세 사람에 대해 표현하기
II 단계	5	10년 후의 나의 모습	10년 후의 자신의 모습을 잡지에서 찾아 붙이기
	6	꿈나무	잎에는 장점을, 열매에는 바라는 점을 적도록 하여 자신의 꿈나무 만들기
	7	새로운 나로 태어나기	눈을 감고 지시에 따라 자신이 새로이 태어났음을 상상하기

① 1회기

- **주 제**: 동굴화
- **목 표**: 자신의 욕구 및 바람을 파악하고자 한다.
- **매 체**: A4용지, 크레파스
- **내용 및 효과**: 1회기에서는 동굴화를 통해 자신의 현재 욕구 및 바람을 파악해 보는 시간을 가졌다. 집단원들이 대체로 혼자 또는 마음이 맞는 사람과 조용하고 아름다운 곳에 가서 쉬고 싶어 했다. 특히 C는 동굴 안을 새까맣게 칠하고 있어 물어보았더니, 최근에 마음이 많이 울적하고, 어두운 자신의 마음처럼 표현했다고 했다. 그러나 자신의 마음도 동굴 밖의 풍경처럼 꽃들과 나무, 새들이 어우러져 밝고 환한 마음이고 싶다고 했다. D는 남자친구와 싸우고 며칠 동안 서로 연락도 하지 않고 있어 속상해 있었는데, 동굴화 표현을 통해 남자친구와 화해하고 싶은 자신의 마음을 알게 되었다고 했다. 모두들 표현하는 동안에도 행복해했으며, 다 하고나서도 자신의 그림을 보면 편안하고 행복해진다고 하였다. 자신의 욕구나 바람이 이런 것이었는지 잘 몰랐는데 알게 되어 기쁘다는 소감들이 많이 나왔다.

동굴화(C의 작품)

동굴화(D의 작품)

② 2회기

- 주 제: 웅덩이
- 목 표: 힘들었던 경험을 극복할 수 있었던 원동력 파악과 도움이 되었던 대상들에 대한 고마움을 인식시키고자 한다.
- 매 체: A4용지, 크레파스
- 내용 및 효과: 2회기에서는 웅덩이 표현을 통해 자신의 힘들었던 경험을 나누며, 그때 극복할 수 있었던 내면의 힘이 무엇이었는지 이야기하는 시간을 가졌다. 특히 힘들 때 자신에게 도움이 되고 힘이 되어 주었던 사람들에 대한 고마움을 인식함으로써 자신의 대인관계 양상을 파악해 보도록 하였다. 모두가 자신의 힘들었던 경험에 대해서 이야기를 나누었고, 힘들었지만 극복할 수 있었던 자신이 대견하다는 말들을 많이 했다.

  또한 도움을 준 사람들은 주로 가족이었으며 다시금 고마움을 느끼게 되었다고 하였다. 그러나 자신이 극복할 의지가 없다면 옆에서 아무리 도움을 주려고 해도 소용이 없다는 것도 깨달았다고 하였다. 모든 것은 자신의 마음 안에 있는 것 같다는 이야기들이 나왔다. 특히 E는 사춘기에 힘들었던 자신의 경험을 이야기하면서 많이 울었으며, 그때 함께 해줬던 가족들에게 고마움을 느꼈고, 힘든 시간을 견뎌낸 자신이 자랑스럽다고 하였다.

웅덩이(E의 작품)

③ 3회기

- **주 제**: 중요한 항아리
- **목 표**: 매우 중요한 항아리, 중요한 항아리, 중요하지 않은 항아리를 표현하도록 해서 자신의 삶에서 중요한 것은 무엇이며, 중요하지 않은 것은 무엇인가를 파악하고자 한다.
- **매 체**: A4용지, 크레파스
- **내용 및 효과**: 3회기에서는 매우 중요한 항아리, 중요한 항아리, 중요하지 않은 항아리를 그리도록 하여, 그 안에는 자신의 삶에서 매우 중요한 것은 무엇인지, 중요한 것은 무엇인지, 중요하지 않은 것은 무엇인지를 생각하고 이를 그림이나 글로 표현해 보도록 하였다. 이 회기에서는 인생에서 자신이 무엇을 필요로 하는지, 무엇에 의미를 두는지를 생각해 볼 수 있었던 시간이었다고 하였다.

중요한 항아리(E의 작품)

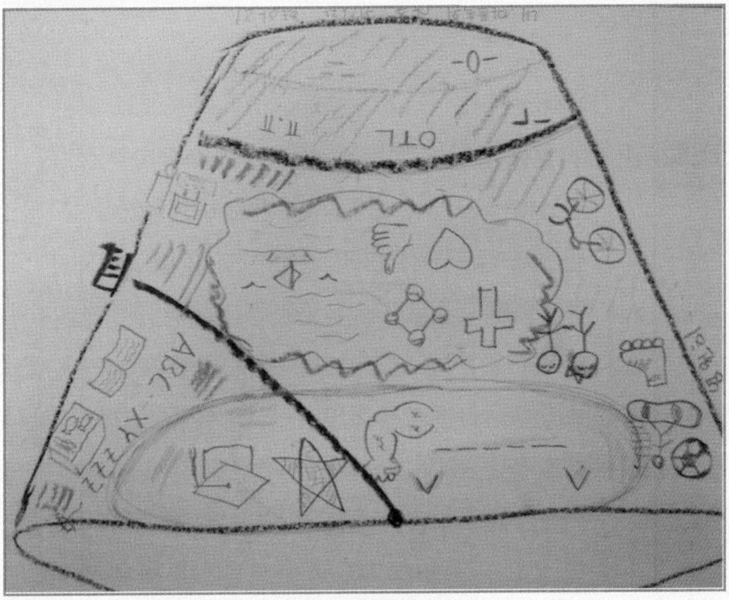

중요한 항아리(F의 작품)

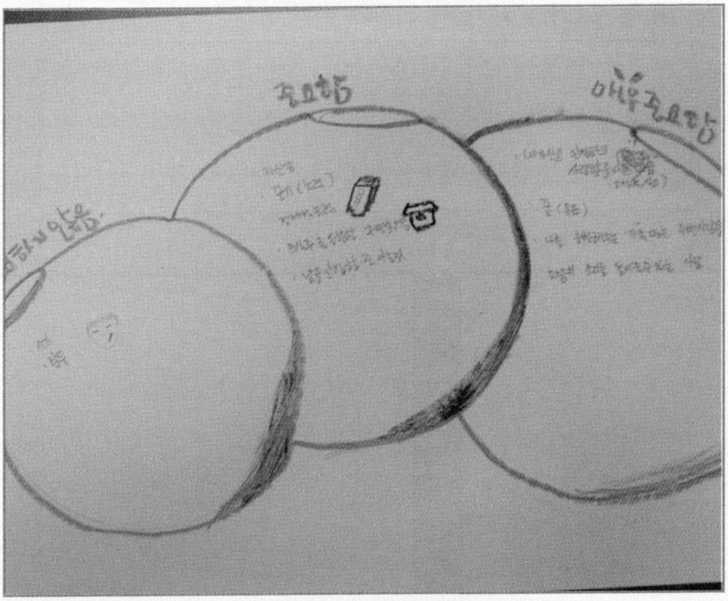

중요한 항아리(G의 작품)

④ 4회기

- 주 제: 인생의 중요한 세 사람
- 목 표: 자신이 살아오면서 긍정적 또는 부정적 영향을 끼친 사람들에 대해 표현해 봄으로써 자신의 대인관계에 대해서 파악해 보고자 한다.
- 매 체: A4용지, 크레파스, 잡지, 가위, 풀
- 내용 및 효과: 4회기에서는 자신의 삶에 가장 큰 영향을 끼친 중요한 세 사람만 생각해 보는 시간을 가졌다. 긍정적인 영향이든, 부정적인 영향이든 오늘날 자신이 있게 하는 데에 이 사람들은 의미가 있었으며, 그런 것을 생각해 보게 할 수 있었던 시간이었다고 하였다. 주로 가족, 친구, 선생님이었다. 특히, H는 인생에서 중요한 세 사람을 엄마, 남자친구, 고등학교 시절 라이벌이라고 하였다. 엄마는 없으면 안 될 존재이며 삶에 있어 무한한 고마움과 감사함을 주고 싶은 사람이라고 하였다. 남자친구는 의지할 수 있는 존재로 사랑을 가르쳐 주고 아픔을 나눌 수 있는 사람이며, 고등학교 시절 라이벌은 그 당시에는 많이 힘들었지만 그 친구가 있었기에 지금의 자신이 있을 수 있었다고 하였다.

  또한 D는 인생에서 중요한 세 사람을 선생님, 엄마, 옛 남자친구라고 하였다. 선생님은 학창시절 힘든 자신에게 격려를 많이 해주었으며, 엄마는 친구처럼 편안하게 이야기하며 지낼 수 있어서 좋다고 했다. 옛 남자친구는 지금껏 자신이 만나왔던 사람 중에 자신을 가장 아껴주며 잘해주었던 사람이라며 이야기하면서도 눈물을 흘렸다. 그러면서 이분들에게 감사함을 느낀다고 하였다.

중요한 세 사람(D의 작품)

⑤ 5회기

- 주 제: 10년 후의 나의 모습
- 목 표: 10년 후의 자신의 모습을 표현해 봄으로써 미래에 대해 긍정적인 마음을 가지도록 한다.
- 매 체: A4용지, 크레파스, 잡지, 가위, 풀
- 내용 및 효과: 5회기에서는 잡지를 이용해서 10년 후의 자신의 모습을 표현해 보도록 하였다. 집단원 모두가 밝고 희망찬 미래를 표현하며 활동 내내 즐거워하였다. 생각만 하다가 잡지를 통해 표현해 보니 시각적으로 볼 수 있어서 좋으며, 마치 이루어진 것처럼 흐뭇하다고 하였다. 특히, C는 자신이 결혼해서 행복하게 살며, 몸매 유지도 하고 좋아하는 곳을 여행 다니며 살고 있을 것 같다고 말하면서 매우 행복해했다. A는 결혼도 하겠지만 커리어 우먼이 되어 자신이 하고 싶은 일을 하며, 평소에 가보고 싶은 곳에 여행가고 싶다며 즐거워했다.

10년 후의 나의 모습(A의 작품)

10년 후의 나의 모습(C의 작품)

⑥ 6회기

- **주 제**: 꿈나무
- **목 표**: 꿈나무에 자신이 잘하는 것과 하고 싶은 것을 표현하도록 하여 미래에 대한 희망을 찾도록 한다.
- **매 체**: A4용지, 한지, 색종이, 크레파스, 가위, 풀
- **내용 및 효과**: 6회기에서는 나무를 그리도록 하여 잎에는 자신이 잘하는 것, 열매에는 자신이 하고 싶은 것이나 원하는 것을 표현하도록 하여 꿈나무를 만들어 보도록 하는 시간을 가졌다. 자신의 꿈나무를 표현함으로써 미처 생각해 보지 못했던 자신이 잘하는 것과 하고 싶은 것을 구체적으로 알아볼 수 있었던 시간이었다고 모두들 즐거워했다. 특히 G는 원하는 것에는 행복한 삶, 부자, 건강 등을 열매로 만들어 표현했으며, 잘하는 것에는 정이 많다, 웃음이 많다 등으로 표현하였다. H는 원하는 것에는 멋진 여자, 마음 따뜻한 선생님 되기 등으로 표현했으며, 잘하는 것은 남의 말을 잘 들어주는 것, 긍정적인 사고를 하려고 하는 것, 생각하고 행동하는 것 등으로 표현하였다.

꿈나무(G의 작품)

꿈나무(H의 작품)

⑦ 7회기

- 주 제: 새로운 나로 태어나기
- 목 표: 상상을 통해 새롭게 변화된 자신과 만날 수 있도록 한다.
- 매 체: A4용지, 한지, 색종이, 크레파스, 가위, 풀
- 내용 및 효과: 7회기에서는 지시에 따라 상상을 하면서 내면의 자신과 만나는 시간을 가졌다. 집단원 모두가 독특한 경험을 했다며 신기해했다. 자신이 살아온 과거의 시점으로 돌아가서 자신과 만난 사람도 있으며, 현재 자신과의 만남을 가진 사람도 있었다. 특히 B는 끝없이 푸른 들판에 수많은 꽃과 바람이 함께 어우러져 있는 그곳에서 상쾌한 마음으로 달리는 모습을 표현하였다. 자신이 표현한 그림을 보고 있는 것만으로도 기쁘고 힘이 난다고 하였다. 또한 F는 아주 어릴 때 부모님과 함께 들판에 있는 모습을 표현하였다. 아버지는 자신을 무등 태우고 있고, 어머니는 웃으면서 자신을 보고 있으며, 자신은 세상에서 가장 행복한 아이라고 하였다. 그러면서 매우 즐거워했으며, 이제는 힘을 내서 무슨 일이든 할 수 있을 것 같다고 하였다. 이번 회기를 마지막으로 하여 전체 프로그램에 대한 소감을 나누며 마무리하였다. 모두가 처음에 참가했을 때보다 행복해졌다고 했으며, 자신이 삶의 주체가 되었고, 삶이 보다 의미롭고 활력이 생겨서 기쁘다고 하였다.

새롭게 태어난 나(B의 작품)

새롭게 태어난 나(F의 작품)

부록

부록 1. 초기 면접지

<table>
<tr><td colspan="2">이 름</td><td></td><td>생년월일</td><td>년 월 일(세)</td><td>성 별</td><td>남 · 여</td></tr>
<tr><td colspan="2">직 업</td><td></td><td>연락처</td><td></td><td>종 교</td><td></td></tr>
<tr><td rowspan="5">가족사항</td><td>관 계</td><td>나 이</td><td>직 업</td><td>학 력</td><td colspan="2"></td></tr>
<tr><td></td><td></td><td></td><td></td><td colspan="2"></td></tr>
<tr><td></td><td></td><td></td><td></td><td colspan="2"></td></tr>
<tr><td></td><td></td><td></td><td></td><td colspan="2"></td></tr>
<tr><td></td><td></td><td></td><td></td><td colspan="2"></td></tr>
<tr><td>성장배경</td><td colspan="6"></td></tr>
</table>

➔ 미술치료에 참여해 본 경험이 있습니까? 있다면 언제 어디서입니까?

➔ 미술치료에 참여하는 것에 대해서 어떤 느낌이 듭니까?

➔ 사용하기에 특별히 더 편하거나 불편하다고 생각되는 매체나 방법이 있습니까?

➔ 미술치료를 통해 다루고 싶은 내용이나 해결하고 싶은 것은 무엇입니까?

부록 2. 내담자 탐색을 위한 질문지

내담자 탐색을 위한 질문
1. 작품을 통해서 자기 자신에 대해 무엇을 알게 되었습니까?
2. 작품 속에 당신을 힘들게 하는 감정이 있습니까?
3. 이런 감정이 현재의 특정 문제나 관심사와 관련이 있습니까? 그렇다면 그것은 무엇입니까?
4. 이 작품이 말을 한다면, 당신에게 어떤 말을 하겠습니까?
5. 이 작품은 당신을 힘들게 하는 감정의 극복을 위해 무엇을 해야 하는지 알려줍니까?
6. 그렇다면 현재 당신이 시작할 수 있는 것은 무엇입니까?

부록 3. 알고 쓰는 미술용어

- **공간감**: 작품 자체의 조형적 공간과 작품이 놓여지는 주위의 물리적(입체적) 공간 등의 아름다움과 조화
- **구도**: 사물이나 풍경의 전체적인 구조와 동세감을 포착하여 움직임, 위치, 크기 등을 파악하는 것
- **균형**: 어느 한쪽으로 치우치지 않는 조화로움
- **글레이징**: 물감에 라시드나 특정한 미디엄을 섞어 물감을 투명하게 희석시켜 사용하는 기법
- **농담**: 물을 섞은 농도에 따라 달라지는 진하고 연함의 정도
- **동세**: 인물이나 동물 등에서 느낄 수 있는 움직임이나 방향감
- **드로잉**: 채색을 쓰지 않고 선으로 그리는 회화표현으로 소묘와 같은 용어
- **드리핑기법**: 묽게 희석한 물감을 붓이나 막대기로 뿌리는 방법
- **대비**: 서로 반대되는 형태와 색 등의 어울림
- **데생**: 선에 의하여 어떤 이미지를 그려내는 기술로 소묘와 같은 용어
- **데칼코마니**: 흡수성이 적은 종이를 반으로 나누어 종이의 한쪽 위에 물감을 칠한 다음 접었다가 펼치면 좌우가 같은 문양이 나타나는 기법
- **마티에르**: 물감, 캔버스, 화구 등이 만들어 내는 대상의 형태감 또는 화면에 나타난 재질감
- **마블링**: 물과 기름의 반발작용을 이용(평판화의 원리)하여 물 위에 유성물감을 떨어뜨리고 저은 다음에 종이를 얹고 무늬를 떠내는 기법
- **모자이크**: 바탕에 돌, 유리, 금속, 타일 등의 작은 조각들을 붙여 무늬를 만드는 표현기법
- **몽타쥬**: 서로 다른 사진이나 그림을 오려 붙여 구성하는 방법

- **미디엄**: 물감에 독특한 질감을 더해주며 작품의 내구성을 좋게 하는 혼합제
- **무채색**: 색상과 채도는 없고 명도, 즉 밝기만 있는 색으로 유채색을 제외한 흰색, 회색, 검정색을 말함
- **면**: 선이 모여 면을 이루며 면이 모이면 입체감이 나타남
- **명도**: 물체의 색이나 빛의 색이 지니는 밝고 어두운 정도로 고유색에 흰색을 더하면 명도는 높아지고, 검은색을 더하면 명도는 낮아짐
- **바니시**: 그림이 완성된 후에 화면을 보호하거나 수정 또는 광택, 무광처리 등의 효과를 위해 사용하는 아크릴물감의 후처리 보조제
- **부조**: 회화와 환조의 중간적 표현으로 한정된 두께 속에 반입체적으로 표현된 작품
- **보색**: 색상환에서 서로 마주보는 위치로 색상대비를 이루는 한 쌍의 색상을 말하며, 강한 대비를 이룸으로써 강렬한 인상과 화려한 느낌으로 표현됨
- **배틱**: 크레파스나 양초 등으로 그린 후 수성물감을 칠한 것으로 물을 배척하는 원리를 이용한 기법
- **선**: 모든 조형의 기초로 대상의 윤곽이나 덩어리를 말하며 직선, 곡선, 기하곡선, 자유곡선, 톱니선 등이 있음
- **선조**: 부조의 평면 위에 음각 또는 양각의 선으로만 표현하는 방법으로 원시시대 벽화(암각화)에서 많이 볼 수 있음
- **스케치**: 대상의 형태나 분위기, 전체적인 구도와 특징, 명암 등을 구분하여 간결하게 그리는 것
- **소묘**: 연필, 목탄, 철필 등으로 사물의 형태와 명암을 위주로 그리는 그림으로 드로잉과 같은 용어
- **스크래치**: 크레파스로 여러 가지 색을 다양하게 칠한 뒤 짙은 색(검은색, 군청색 등)으로 덧칠한 다음 뾰족한 물체를 이용해 긁어서 나타내는 표현기법

- **스텐실**: 글자나 무늬, 그림 등의 모양을 오려낸 후 그 구멍에 물감을 넣어 그림을 찍어내는 기법
- **스테인드글라스**: 장식 유리창과 빛을 통과시키는 물건들에 쓰이는 색유리
- **안료**: 물이나 기름, 알코올에 녹지 않는 유색의 미세한 분말로 미디엄과 섞어 물감이 되는 것
- **양감**: 회화 및 조소작품에서 필수적인 요소로 무게나 덩어리의 느낌
- **용제**: 물질을 용해하는 데 쓰는 알코올이나 가솔린 등의 액체
- **원근감**: 멀고 가까운 거리의 느낌
- **유채색**: 검정색, 흰색, 회색을 제외한 빨강, 노랑, 파랑 등과 같이 색상을 가지고 있는 모든 색
- **점**: 선과 면을 이루는 가장 기본적인 단위
- **질감**: 돌, 나무, 석고 등의 재료에서 느껴지는 촉각적 특징(재질감)과 작품 표면의 처리에서 느껴지는 느낌
- **젯소**: 아크릴물감이 캔버스에 잘 접착하도록 물감을 칠하기 전에 발라주는 보조제
- **채도**: 색의 강약, 색의 농도 혹은 색의 순도를 나타내는 말로 색의 맑고 탁한 정도. 검은색이나 흰색이 많이 섞이면 채도는 낮고 탁하거나 둔한 느낌이 나고 적게 섞이면 채도가 높고 선명함
- **콜라주**: 사진, 신문지, 철사, 실, 깃털, 모래 등의 조각을 붙여 독특한 입체적 느낌을 만드는 작품기법
- **크로키**: 동물이나 인물의 커다란 움직임의 특징을 잡아 빠른 시간 안에 간략하게 선으로 묘사하는 스케치
- **판화**: 판을 이용한 간접표현으로 직접 그리는 그림과는 달리 같은 작품을 여러 장 찍어내는 것

- **핑거페인팅**: 풀을 섞은 물감을 사용하여 손가락으로 그림을 그리는 표현기법
- **프로타주**: 요철이 있는 물체 위에 종이를 놓고 문질러서 자국을 표현하는 기법으로 동전, 나뭇잎, 조개껍데기, 단추 등 다양하게 이용 가능
- **화지**: 그림을 그리는 데 쓰는 종이
- **환조**: 완전한 입체로 사방에서 감상 가능
- **희석제**: 물감의 농도를 묽게 하기 위하여 첨가하는 비활성 물질로 붓 등의 도구를 닦아 내는 세척에도 쓰임

참고문헌

강석, 이규호(2006). 선생님, 미술이 재미있어요. 서울: 예경.

고현, 유시덕, 이정남, 이연희, 백현옥, 이창호, 정선주(2008). 매체를 활용한 유 · 아동 미술교육과 미술치료. 서울: 창지사.

김명희 역(1998). 미술재료의 신체적 위험. Michael McCann Ph. D., C. I. H 저. 서울: 예전사.

김선현(2006). 마음을 읽는 미술치료. 서울: 넥서스BOOKS.

김영숙, 도복늠(2005). 회상을 적용한 집단미술치료 프로그램이 치매노인의 인지기능, 우울과 삶의 질에 미치는 영향. 미술치료연구, 12(2).

김인선(2003). 미술치료를 위한 재료의 표현가능성과 활용방안. 원광대학교 대학원 석사학위논문.

김종희(2007). 미술치료를 위한 평가도구. 서울: 시그마프레스.

김진숙 역(2006). 미술치료학개론. Judis A. Rubin 저. 서울: 학지사.

김진숙 역(2008). 예술로서의 미술치료. Judis A. Rubin 저. 서울: 학지사.

김택훈(2004). 재료 기법 중심의 아동미술. 경기: 양서원.

김혜숙, 이성도, 김혜주, 윤자정, 김성숙, 김형숙, 김경순, 이용일, 김재영(2006). 미술용어집. 서울: 학지사.

박대순(1993). 현대 디자인 용어사전. 서울: 디자인 오피스.

박라미(2005). 어린이가 프로포즈하는 미술재료 다시 보기. 서울: 다음세대.

백중열, 오현숙(2006). 교사를 위한 아동미술교육의 이해. 서울: 공동체.

변홍숙(2003). 미술매체의 확대를 통한 표현기법에 관한 연구. 공주교육대학교 대학원 석사학위논문.

서울교육대학교 역(1995). 새로운 눈으로 보는 미술교육. E. W. 아이스너 저. 서울: 예경.
심상철(2000). 미술 재료와 표현. 서울: 미진사.
오현숙(2005). 신나는 어린이 미술표현교실. 서울: 예경
이근매(2008). 미술치료 이론과 실제. 경기: 양서원.
이미경(2008). 창의성 증진을 위한 아동미술 교육방법: 표현매체 및 기법을 중심으로. 원광대학교 대학원 석사학위논문.
이미애, 김갑숙 역(2005). 집단미술치료를 위한 실제적 안내. Diane Fausek, BA, ADC 저. 경기: 양서원.
이주연 역(1995). 미술재료 및 용구백과. 텐 홀드, 스탠스미스 저. 서울: 예경.
전영탁, 전창림(1996). 알고 쓰는 미술재료. 서울: 미술문화.
정여주(2003). 미술치료의 이해. 서울: 학지사.
정여주(2005). 노인미술치료 프로그램 개발을 위한 기초연구. 미술치료연구, 25(1).
정여주(2006). 노인미술치료. 서울: 학지사.
정점식, 최기득 역(2001). 미술의 이해. 네이던 노블리 저. 서울: 도서출판 예경.
정현희(2006). 실제 적용 중심의 미술치료. 서울: 학지사.
조용진, 배재영(2001). 부모와 교사가 꼭 알아야 할 아동화의 이해와 지도. 경기: 양서원.
주리애(2004). 미술치료 요리책. 서울: 아트북스.
최선남, 김갑숙, 전종국(2007). 집단미술치료. 서울: 학지사
최외선, 김갑숙, 최선남, 이미옥(2006). 미술치료기법. 서울: 학지사.
최외선, 이근매, 김갑숙, 최선남, 이미옥(2006). 마음을 나누는 미술치료. 서울: 학지사.
최혜라(2005). 아동의 창의성 증진을 위한 미술활동의 역할에 관한 연구. 전북대학교 교육대학원 석사학위논문.
한국미술치료학회(1994). 미술치료의 이론과 실제. 대구: 동화문화사.
한국미술문화연구회(2009). 반갑다! 미술교과서. 서울: 미진사.

Atkins, S., & Williams, L. D. (2007). *Sourcebook in expressive arts therapy.* NC: Parkway Publishers, Inc.
Darley, S., & Heath, W. (2008). *The expressive arts activity book: A resource for professionals.* PA: Jessica Kingsley Publishers.
Frostig, K., & Essex, M. (1998). *Expressive arts therapies in schools: A supervision and Proram Development Guide.* I.N.: Charles C. Thomas Publisher. LTD.
Ganim, B., & Fox, S. (1999). *Visual jourualing: Going deeper than words.* Quest Books Publishers, Inc. [윤혜원, 최재영 역(2007). 비주얼저널을 통한 미술치료.

서울: 시그마프레스.]

Harrison, L. (2005). *Artist's materials: All the materials you will ever need to make art*. firefly Books.

Hobbs, J. (2000). *Everything you ever wanted to know about art materials*. Quarto Book.

Jennings, S. (2005). *The new artist's manual: The cpmplete guide to paintin and drawing materials and technigues*. Chronicle Books.

Keyes, M. F. (1983). *The Inward journey*. Open Court Books, Palo Alto, California.

Landgarten, H. B. (1987). *Family art psychotherapy*. N.Y.: Brunner/Mazel.

Lowenfeld, H. B. (1957). *The natural of creative activity*. Low and Brydone Ltd.

Malchiodi, C. (2006). *The art therapy sourcebook*. McGraw-Hill Publishers, Inc.

Markin, S. R. (2000). *Therapeutic art directives and resources: Activities and nitiative for indivisuals and groups*. Jessica Kingsley Publishers. [김종희 역(2009). 다양한 예술표현방법을 활용한 미술치료 활동기법. 서울: 시그마프레스.]

Rubin, J. A. (2003). *Approches to art therapy: Theory and technique*. N.Y.: Brinner /Mazel.

Smith, R. C. (2006). *The artist's handbook*. DK ADULT.

Stack, P. J. (2006). *Art therapy activities: A pratical guide for teacher*. Charles C Thomas Pub Ltd. [아트앤마인드 역(2007). 그림으로 아이의 마음을 읽는 아트테라피. 경기: 성안당.]

찾아보기

저자 소개

✲ 박현주

동아대학교 대학원 교육학과 상담심리전공(교육학석사)
동아대학교 대학원 교육학과 교육상담전공(교육학박사)
미술치료전문가(한국미술치료학회)
상담심리전문가(한국상담심리학회)
현, 부산교육대학교 평생교육원 책임교수

✲ 서명옥

신라대학교 사회복지대학원 가족상담학과 가족상담학전공(문학석사)
미술치료사(한국국공립대학 평생교육원협의회)
아동미술실기사(한국국공립대학 평생교육원협의회)

미술치료의 매체활용법

2009년 8월 31일 1판 1쇄 발행
2020년 3월 10일 1판 5쇄 발행

지은이 • 박현주 · 서명옥
펴낸이 • 김 진 환
펴낸곳 • (주) 학지사
04031 서울특별시 마포구 양화로 15길 20 마인드월드빌딩 5층
대표전화 • 02) 330-5114 팩스 • 02) 324-2345
등록번호 • 제313-2006-000265호
홈페이지 • http://www.hakjisa.co.kr
페이스북 • https://www.facebook.com/hakjisabook

ISBN 978-89-6330-278-2 93180

정가 17,000원